일제침탈사 16
바로알기

한말 '한일조약' 체결의 불법성과 원천무효

● 이계형 지음 ●

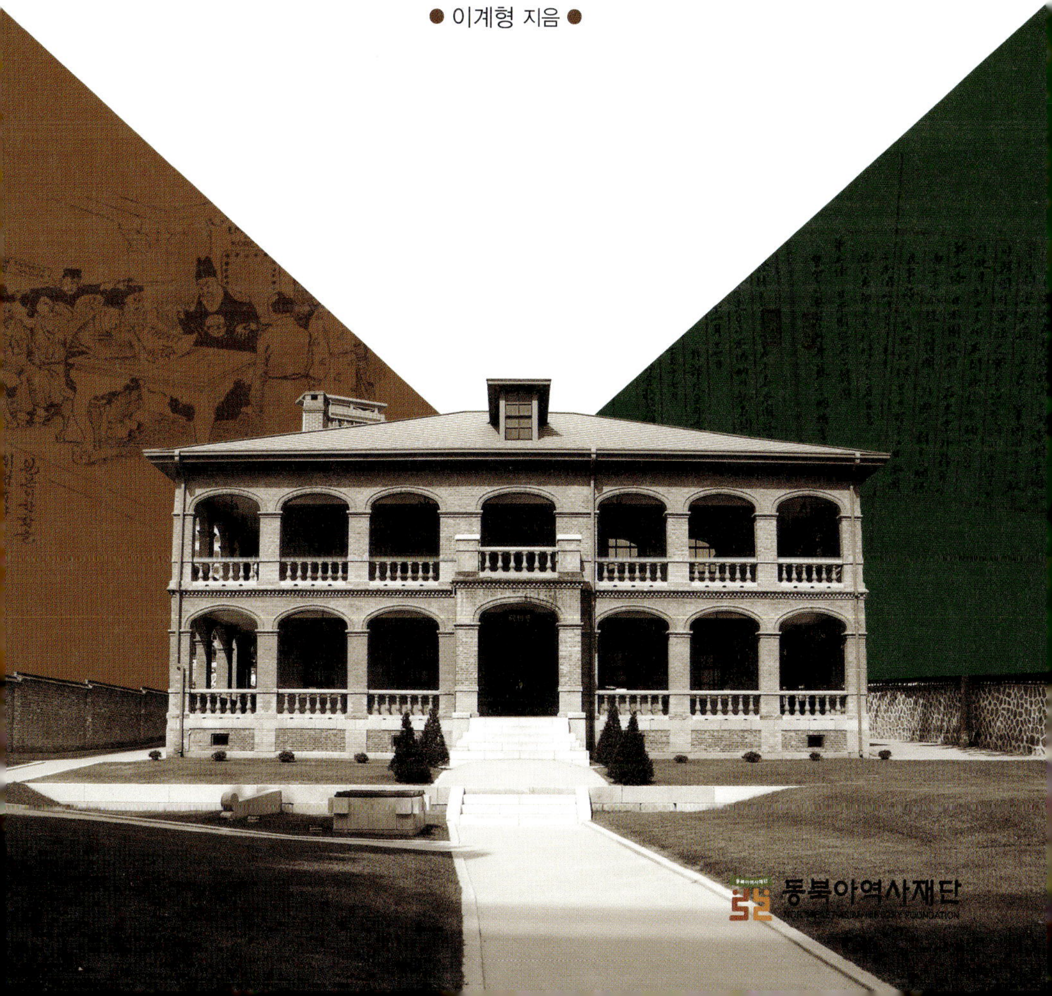

동북아역사재단

발간사

일본제국주의의 식민 침탈에서 벗어난 지 76년이 되었지만, 그 역사가 아직도 한일 관계에서 큰 걸림돌로 작용하고 있습니다. 21세기에 들어 일본 정부의 독도 영유권 주장은 점차 도를 더해가고 있으며, 최근에는 일제의 강제동원 문제와 한국 대법원판결, 일본군'위안부' 문제 해결 방안 등으로 갈등이 불거졌습니다. 급기야 그 불이 무역 분쟁, 안보 문제까지 옮겨 붙었습니다.

한일 간의 역사 문제는 우선 '식민 지배'라는 역사를 어떻게 볼 것인가 하는 역사인식에서 기인합니다. 우리는 언제나 오늘날의 입장에서 과거의 역사를 바라보고, 다시 미래로 나아갑니다. 과거 침략의 역사를 미화하면서 평화로운 미래를 얘기하는 것은 불가능합니다. 식민 지배로 인한 잘못을 인정하고 반성하지 않으면 다시 전쟁이 일어날 위험성이 있고, 인권을 존중하지 않는 군국주의 부활을 획책할 수도 있습니다. 따라서 역사를 보는 미래지향적 인식이 필요하고, 이를 한일 양국이 공유해야 할 것입니다.

다음으로 지금의 한일 역사 문제는 '과거'의 '사실'이 명확하게 규명되지 않은 것에서 연유한 점이 있습니다. 해방된 이후 일제강점기에 대한 개인적인 연구는 다수 이루어졌으나, 학계나 정부 차원에서 식민 지배의 실상을 체계적으로 연구 정리하고, 관계되는 자료집을 모아 정리하는 일은 하지 못했습니다. 지금까지 항일과 독립운동사에 대한 연구와 자료집은 많이 출간되었지만 일제의 '통치'와 '침탈', 그리고 '피해'를 종합하여 편찬하지 못한 것입니다.

또한 일제의 식민 침탈의 실상을 국민에게 알리고 교육하는 것도 체계적이지 않았습니다. 초등학교에서 고등학교에 이르는 학교의 역사교육은 나름대로 성과가 있었지만, 일반 시민교육에는 사실 무관심하였습니다. 그러자 몇 해 전부터는 일제의 한반도 강점과 식민 지배로 인한 피해를 부정하는 인식 아래 일제강점기에 한반도가 근대화되었고, 수탈이나 강제동원은 꾸며진 이야기라고 주장하는 책이 시중에 나오기도 했습니다. 역사인식이 명확하지 않았던 일부 국민들이 여기에 호기심을 가졌고, 심지어 이에 찬동하는 사태도 일어났습니다. 이런 책에서 부정한 것은 일제 침탈의 역사뿐만 아니라 항일독립운동의 역사, 나아가 우리 민족사 전체입니다.

　우리 학계는 일찍부터 일제 침탈의 역사를 체계적·객관적으로 정리해야 한다는 점을 잘 알고 있었지만, 차일피일 미루다가 너무 많은 시간이 흘렀습니다. 이에 더 늦기 전에 우리 재단이 중심이 되어 한국 학계의 힘을 모아 일제침탈사 연구를 집대성하고, 관련된 자료를 수집하여 체계적으로 정리하는 한편, 일제 침탈 실상을 바로 알리기 위한 국민 대상의 교양서 발간을 기획하게 되었습니다.

　2020년부터 사업을 시작하였고, 앞으로 몇 년에 걸쳐 이를 수행할 예정입니다. 일제침탈사 편찬사업은 크게 세 부분으로 나누어, 첫째 일제 침탈의 전모를 학문적으로 정리한 연구총서(50권), 둘째 문호개방 이후 일제강점기에 이르는 기간의 일제침탈 자료총서(100여 권), 그리고 셋째 일반 국민이 일제 침탈을 올바르게 알 수 있는 주제를 쉽게 풀어쓴 교양총서(70여 권)로 구성하고자 합니다.

특히 교양총서는 '바로알기'라는 이름으로 우리 중학교, 고등학교 학생들도 어렵지 않게 읽을 수 있도록 제작했습니다. 오랫동안 학계에서 공부해 온 전문가 선생님들이 일제 침탈과 관련된 다양한 주제를 집필해 주셨습니다. 이해하기 쉽도록 해당 주제를 사안별로 나눠 집필해서 가독성을 높였고, 사진과 도표도 충분히 곁들였습니다. '바로알기' 시리즈를 통해 많은 시민과 학생들이 제국주의 일본의 한반도 침탈과 그로 인한 피해 실상을 바로 알 수 있게 되기를 바랍니다.

2021년 11월
동북아역사재단 이사장

차례

발간사 • 2

I. 을사늑약 체결과 불법성
   1. 러일전쟁과 일제의 한국 '보호국화'　8
   2. 을사늑약 체결과 한인들의 저항　27
   3. 통감부의 설치와 일제의 반식민통치　57

II. 정미조약 체결과 일본인 차관정치
   1. 고종 황제 퇴위와 정미조약　68

III. '한일병합조약' 체결과 대한제국 멸망
   1. 일제의 대한식민정책과 '한일병합조약' 체결 과정　104
   2. '병합조약 체결'의 불법과 무효론　121

참고문헌 • 126
찾아보기 • 128

I

을사늑약 체결과 불법성

1
러일전쟁과 일제의 한국 '보호국화'

러일전쟁과 고종 황제의 중립화 선언

청일전쟁에서 승리한 일본은 자신감을 얻고 러시아와의 결전을 준비하였다. 당시 러시아와 일본은 동아시아에서 경쟁하였고, 청일전쟁에서 패배한 청은 한국에 대한 영향력을 잃었다. 러시아의 남하정책과 일제의 팽창정책이 충돌하는 모양새였다. 그 중심에는 한반도와 만주가 있었다. 한국은 일본에게 중국 침략의 관문이었고, 러시아에게는 극동 시베리아 개발을 위해 인적·물적 자원을 지원하고 부동항을 확보할 수 있는 전략적 요충지였다. 러시아와 세력 경쟁을 벌이던 일본은 1902년 1월, 러시아의 동쪽 진출을 막고 동아시아의 이권을 함께 나눠 가진다는 내용으로 영국과 제1차 영일동맹을 체결하였다. 이는 일본으로서는 동아시아뿐만 아니라 국제사회에서 강대국으로 인정받은 것이었고 영국의 측면에서는 동아시아에서 러시아를 견제하기 위한 파트너로 일본을 선택한 것이다.

러시아가 식민지 쟁탈전에 끼어드는 것을 용납할 수 없었던 영국으로서는 일본을 끌어들일 필요가 있었다.

러시아의 동아시아 남하정책은 1860년대부터 꾸준히 진행되었다. 제2차 아편전쟁이 발발하고 1858년 영국과 프랑스가 베이징을 공격했을 때 이를 중재한 러시아는 1860년 베이징조약을 통해 연해주를 얻었다. 이로써 오늘날 중국과 러시아 간의 국경이 정해졌고, 두만강 하구에서 러시아와 한반도가 국경을 맞대게 되었다. 연해주의 중심은 '동쪽을 정복하라'라는 뜻을 가진 블라디보스토크였다. 러시아는 그 뜻과 같이 블라디보스토크를 군항으로 발전시키고 시베리아 횡단 철도의 기점으로 삼았다.

이후 러시아는 동아시아에서 부동항을 얻기 위해 한반도로 내려왔고, 영국은 1885년 4월 거문도를 점령하여 이를 저지하고자 하였다. 이러한 국제 정세 속에서 일본은 동아시아에서 자신들의 지위와 영향력 확보를 최우선 과제로 삼았다. 이때 등장한 것이 탈아론(脫亞論)이다. 구미 열강이 동아시아로 급속히 세력을 확대해 오는 상황에서 한국·중국 등 근대화할 수 없는 주변 국가를 버리고 구미 열강의 일원이 되어야 한다는 주장이다. 즉 일본을 위해서는 필요하다면 청과의 전쟁도 불사해야 한다는 의미였다. 오랫동안 동아시아 맹주였던 중국 중심의 질서를 무너

야마가타 아리토모(1838~1922)

출처: Wikimedia Commons

뜨리고자 한 것이다. 이러한 분위기 속에서 1890년 12월 제1회 제국의회에서 일본 수상 야마가타 아리토모(山縣有朋)가 한국을 일본의 주권선(主權線), 만주를 이익선(利益線)으로 하는 대외팽창을 공식 선언하였다. 특히 러시아가 1891년 2월 시베리아 철도 부설을 공식화하자 일본 내에서는 '한반도 위협론' 혹은 '한반도 흉기론'이 본격적으로 대두되었다. 지정학적으로 강대국인 러시아가 한반도를 차지할 경우, 일본 안전에 치명적일 것이라는 논리였다.

그러나 1884년 12월 갑신정변 이후, 청의 한국 간섭이 강화되면서 한국과 일본 간의 교류는 단절되었다. 그로부터 10년 뒤 한국 정부가 동학농민운동을 진압하기 위해 1894년 6월 청나라에 지원군을 요청하자 일본도 일본군을 한반도에 투입하였다. 이는 갑신정변 이후 1885년 4월 청과 일본이 조선에서 "청·일 양국 군대는 동시 철수하고, 동시에 파병한다"라고 약속한 톈진조약에 따른 것이다. 이를 기회로 청일전쟁을 일으킨 일본은 전쟁에서 승리하여 한반도 내에서의 우위를 점하였다. 하지만 그것도 잠시, 한국 정부가 친러정책을 펼치면서 일본의 우려가 현실로 다가왔다. 일본은 이를 만회하기 위해 친러정책을 추진하던 명성황후를 시해하였지만, 일본의 계획은 더욱 꼬여만 갔다. 1896년 2월 고종이 아관파천을 단행하면서 한국 내 친일 내각이 무너지고 친미·친러 세력이 등장하였다.

아관파천 이후 한국 정부 내 친러파들이 득세하는 가운데 러시아는 이를 기회 삼아 세력을 점점 확대해 나갔다. 1896년 4월 러시아인 니시첸스키(Nisichensky)가 함경북도 경원과 경성의 광산채굴권을 얻었고, 그해 9월 블라디보스토크의 상인 브리너(Bryner, Y. I.)는 두만강·압록강·울릉도 등지의 삼림채벌권을 획득하였다. 러시아는 이에 그치지 않고 1898년에 중국 뤼순(旅順)·다롄만(大連灣)을 조차하고 동청철도 부설권을 얻어 하얼빈역에서 뤼순에 이르는 남만주지선(南滿洲支線) 부설권까지 차지하였다. 또한 러시아는 1900년 중국에서 부청멸양(扶淸滅洋)을 내걸고 봉기한 의화단을 진압하고자 다른 서구 열강과 함께 출병하여 대규모 병력을 만주에 주둔시키며 세력 범위를 더욱 넓혔다.

　러시아는 제1차 영일동맹 이후 만주 철군을 약속했지만, 이를 무시하고 적극적으로 만주와 한반도에 진출하려 하였다. 1903년 4월부터 삼림벌채에 착수하였고, 만주에 주둔하던 러시아군은 압록강 하구 및 평북 용천군 용암포까지 강점하여 병참부를 건설하였다. 이는 러시아가 일본의 한국 진출에 대응하기 위한 교두보를 확보하기 위한 것이었다. 한국과 일본은 즉각 반발하고 나섰지만, 러시아는 아랑곳하지 않고 1903년 9월 중순부터 용암포의 뒷산 용암산에 포대를 설치하고 선박을 입항시켰으며 해안가에 망루를 설치하는 등 군사기지를 건설해 나갔다.

　러시아의 남하정책에 따라 일본은 한국과 만주를 서로 나눠 갖는 협상안을 러시아에 제시하였다. 하지만 1903년 8월 협상은 결렬되었고, 일본은 곧장 전쟁 준비에 돌입하였다. 이를 위해 일본 각의는 1903년 12월 말 영국·미국의 지지 속에 한국을 자신들의 식민지로 만든다는 '대한방침'을 결의하였다. 이에 힘입은 일제는 러일전쟁을 위해 막대한 군비를 쏟아 부었다. 청일전쟁 당시 7개 사단에 불과했던 일본 육군은 13개 사단으로 늘어났고, 1905년에는 4척의 전함과 11척의 순양함을 새롭게 구축하여 해군력을 1만 1천여 톤에서 15만 3천여 톤으로 증강하였다.

　한편 러시아와 일본 사이에 전쟁의 기운이 감돌자 고종 황제는 양국에 주재하는 공사에게 지시하여 각국 정부로부터 한국의 중립을 존중하고 영토를 유린하지 않겠다는 보증을 조속히 받아 내도록 하였다. 이에 1903년 9월 주일공사 고영희는 고무라 주타로(小村壽太郞) 외무대신에게 공식적으로 중립을 요청하였지만, 지금은 전쟁이나 중립을 거론할 때가 아니라며 이를 거부하였다. 또한 고종 황제는 그해 8월 예식원에서 통역과 번역을 맡았던 현상건(玄尙健)을 유럽에 특사로 파견하여 프랑스와 러시아에 한국의 중립화를 타진하도록 했다. 이뿐만 아니라 고종 황제는 적십자·만국평화회의·국제재판소 등의 국제기구에도 한국의 상황을 알려 중립화를 실현하고자 동분서주하였다. 하지만 한국의 중립 선언에 동의한 것은 러시아뿐 별다른 소득은 없었다.

이런 가운데 고종 황제는 1903년 12월 한국 주재 일본·영국·미국 등의 공사들로부터 러일협상의 중지로 전쟁이 불가피하다는 통보를 받고 더욱더 위기감을 느꼈다. 그는 이를 모면하는 길은 국외중립을 추진하거나 여의치 않을 경우 러시아에 의지하는 것밖에 없다고 생각했다. 이러한 상황에서 일제는 1903년 12월 러일전쟁을 기정사실화하고 한국과 청일전쟁 때와 같은 공수동맹이나 보호적 성격의 조약을 체결하고자 하였다.

얼마 후 1904년 1월 귀국한 현상건에게 러시아 니콜라이 2세의 친서를 전달받은 고종 황제는 러시아의 후원으로 한국의 독립을 보장받을 것이라 확신하였다. 이에 고종 황제는 국외중립 선언에 더욱 힘을 기울였다. 자신의 최측근 이용익(李容翊) 등에게 한국에 머물고 있던 벨기에 고문, 영국·미국·프랑스·독일어 학교 등 외국어 교사들과 함께 국외중립 선언을 준비하도록 하고, 주한 러시아 공사 파블로프(A. Pavlow)에게 협조를 요청하였다. 그 결과 주한 프랑스 대표 퐁트네(Vicomte de Fontenay)가 국외중립 선언문을 작성하였고, 이를 중국의 즈푸(芝罘) 주재 프랑스부 영사를 통해 영국·프랑스·독일 등 각국에 발송할 수 있었다.

선언문은 "러시아와 일본 두 나라 간에 발생한 분쟁에 비추어, 그리고 협상의 평화적 해결을 이룩하는 과정에서 부딪칠 것 같은 어려움에 비추어, 한국 정부는 황제 폐하의 명에 의해 현재 두 나라 간에 추진 중인 비공식 회담의 결과에 상관없이 엄정중립의 준수를 굳게 결의했음을 선언함"이라는 내용을 담고 있었다.

국외중립화 선언은 비록 전시 중립의 성격을 지녔으나 열강의 승인을 얻어 지속적인 효력을 얻으면 영세 중립국으로 전환이 가능한 것이었다. 고종 황제는 국외중립 선언이 열강과의 협정을 통해 중립화의 초석이 되길 기대하였다. 그는 중립화 선언으로 한국이 전쟁의 위험에서 벗어날 것으로 판단하고, 전쟁이 날지라도 두려울 것이 없다고 낙관했다. 하지만 이는 오판이었다. 제국주의 시대에 이를 규정한 국제법이나 국제기구 등은 열강의 행동을 제한할 아무런 법적인 장치가 없었다. 더욱이 한국의 중립 선언은 러시아만이 공감을 표했을 뿐 일본·미국·영국 등은 무관심하거나 거부하였기 때문에 아무런 실효를 거두지 못했다.

일제의 한국 중립 선언 유린과 한국 '보호국화' 시도

일본은 러시아와 1904년 2월 6일 국교를 단절하고, 이틀 뒤인 2월 8일 중국 뤼순항에 주둔하고 있던 러시아 함대를 기습 공격하였다. 러일전쟁이 발발한 것이다. 다음 날 2월 9일 일본군은 인천에 상륙한 뒤 곧장 서울로 진입하였다. 2월 10일에서야 일본은 러시아에 선전포고를 하였다.

결국 청일전쟁 때와 마찬가지로 한국 땅은 다시 전쟁터로 변하고 말았다.

한국의 중립 선언을 무시하고 일본군이 서울에 진주하자 일본 공사 하야시 곤스케(林權助)는 군사적 공포 분위기를 조성하고 고종 황제를 알현하여 전쟁의 불가피성을 주장함과 함께 이에 협력할 것을 강요하였다. 이런 상황 속에서 2월 12일 주한 러시아 공사 파블로프는 공사원들과 함께 러시아로 귀국하였고, 하야시 공사는 일본군 제12사단장 이노우에 히카루(井上光)와 함께 한일의정서 체결을 압박하였다. 동시에 이들은 반일·친러파였던 고종 황제의 최측근 이용익을 납치하여 일본으로 압송하고 반일 인사들을 감시하였다. 그 뒤 일제는 외무대신 서리 이지용을 앞세워 1904년 2월 '한일의정서'를 체결하였다. 이로써 한국의 국외중립 선언은 휴지 조각이 되고 말았다.

한일의정서

제1조 한·일 양 제국은 항구불역(恒久不易: 영원히 변치 않음)할 친교를 보지(保持)하고 동양 화평을 확립하기 위하여 대한제국 정부는 대일본제국 정부를 확신하여 시정(施政)의 개선에 관하여 그 충고(忠告)를 받아들일 것.

제2조 대일본제국 정부는 대한제국의 황실을 확실한 친의(親誼)로써 안전·강녕하게 할 것.

제3조 대일본제국 정부는 대한제국의 독립 및 영토 보전을 확실히 보증할 것.

제4조 제3국의 침해나 내란으로 인하여 대한제국의 황실 안녕과 영토 보전에 위험이 있을 때 대일본제국 정부는 속히 임기응변의 필요

한 조치를 행할 것이며, 대한제국 정부는 대일본제국 정부의 행동이 용이하도록 충분히 편의를 제공할 것. 대일본제국 정부는 전항의 목적을 성취하기 위하여 군략상 필요한 지점을 임기 수용할 수 있다.

제5조 대한제국 정부와 대일본제국 정부는 상호의 승인을 경유하지 아니하고 훗날 본 협정의 취지에 위반할 협약은 제3국 간에 정립(訂立)할 수 없다.

제6조 본 협약에 관련되는 미비한 세부 내용은 대한제국 외부대신과 대일본제국 대표자 사이에 임기 협정한다.

제2·3조에 따르면, 한국 황실의 안전과 독립, 영토 보전을 보증한다고 하였지만, 명목상의 조항일 뿐이었다. 제1·4·6조는 한국의 독립 국가의 주권을 무시하고 일방적으로 자신들의 시정개선 '충고'를 받아들이도록 하는가 하면, 한국 황실을 위한답시고 한국 황실이 안녕과 위험에 빠지면 자신들이 개입하겠다는 속내를 드러냈다. 제5조를 통해서는 한국이 제3국과 어떠한 협정도 체결할 수 없도록 하여, 한국이 러시아 등 다른 열강에 접근하는 것을 철저히 차단하고자 하였다. 이로써 일제는 한국의 정치·군사·외교적인 면에서 식민지 경영의 제1보를 내딛게 되었다.

한편, 1904년 3월 8일 한일의정서의 체결 소식이 알려지자, 이를 비난하고 반대하는 목소리가 전국적으로 높아졌다. 이렇듯 한국 내에서 반일 기운이 고조되자, 일제는 추밀원 의장 이토 히로부미(伊藤博文)를 한일 친선 특파 대신으로 임명하였다. 3월 17일 서울에 도착한 이토는 얼마 뒤 고종 황제를 알현하고 동양의 시국이 어떻게 돌아가는지 아뢰었다. 고종 황제

고무라 주타로(1855~1911)
출처: Wikimedia Commons

는 그에게 최고 훈장인 금척대훈장을 내려주고 연회를 베풀었다.

훗날 고종 황제의 특사로 헤이그에 파견되었던 이준도 "일본이 같은 황인종으로서 한국의 독립을 러시아로부터 지켜준다"라며, 의연금을 거둬 일본군 위문비를 적십자에 보내자는 운동을 벌이기도 하였다. 그 취지서에 따르면, "일본이 청일전쟁 이후 갑오년(1894)에 우리 대한제국의 독립을 반포했지만, 지금까지 부족하였습니다. 갑진년(1904)에 이르러 또다시 일본이 러시아와 전쟁을 개시하면서, 한국과 청국 두 나라의 독립을 존중하는 문제로 그 대의(大義)를 공개적으로 밝히고 세계 여러 나라에 널리 알렸습니다. 대규모의 군사와 거액을 들여 전쟁을 시작했습니다. 머나먼 적지에 홀로 깊숙이 들어간 일본군들이 목숨을 아끼지 않고 참혹하게 죽어가며 격렬히 싸워 승리를 거두고 있는 이때에 (중략) 일반 국민들께서 독립을 사랑하는 정성스런 마음과 정성스런 힘으로써 일본에 감사한 마음을 표하시기 바랍니다"라며 일제 침략의 본질을 깨닫지 못하고 있었다. 그뿐만 아니라 고종 황제는 일본 해군 사령관에게 삼편주[三鞭酒, 샴페인(champabne)의 한역] 20병, 잎담배 50상자, 담배 50상자를 내려주었다. 장교와 하사관에게는 살아 있는 소 50마리, 일본 술 30항아리, 천구연초(天狗煙草: 일본산 고급 궐련 담배) 3백 상자를 내려주었으며 해군 사병에게는 담배 3만 갑을 하사하였다. 이토가 떠나던 날에 고종 황제는 금·은·비단과 백학 두 쌍을 선물로 줬다.

이렇듯 이토가 융숭한 대접을 받은 것은 일제가 교묘하게 한국 침략의 속셈을 감추려 러일전쟁을 동양과 서양 간의 전쟁으로 몰아갔기 때문이다. 일본에 망명해 있던 손병희는 일본 육군성에 군자금 1만 원을 기부하기도 했다. 한국인들이 러일전쟁을 일제의 한국 침략전쟁으로 인식한 것은 그들이 황무지 개척권을 요구하면서다. 당시 지식인들은 러일전쟁을 두고 "근대 이후 서양과 동양이 맞붙은 최초의 큰 전쟁이다"라고 인식하는 것을 경계해야 한다고 거듭 강조하였다.

이토가 돌아간 뒤, 1904년 4월 일본 내각은 러일전쟁 중에 '한국보호권 확립의 건'을 결의하였다. 핵심 사항은 한국이 직접 외국과 조약을 맺을 수 없도록 하고 이를 대신할 일본인 관리를 한국에 주재토록 하여 한국을 감독하며 일본인들을 보호하는 임무를 부여하는 것이었다. 이 연장선상에서 일제는 1904년 6월, 한국의 존망에 자신들의 안위가 걸려 있다며 '대한방침(對韓方針)'을 세웠다. 이를 통해 일제는 한국에 대해 국방·외교·재정 등에 '보호실권'을 확립하고, 이와 동시에 여러 방면에서 경제적으로 필요한 이권을 차지하고자 했다. 이는 제2차 영일동맹 이후 러시아와의 일전을 잘 마무리하면 한국을 '보호통치'하는 데 별 어려움이 없으리라는 확신에 따른 것이었다.

당시 일본 정계·재계는 한국을 어떻게 경영할 것인가를 두고 의견이 분분하였다. 한국에 대한 통치 방안은 '한황반면론(韓皇半面論)', '일한대제국합병론(日韓大帝國合倂論)', '고문정치론', '보호국론', '한국영구중립론', '총독정치론', '정치방기실업획취론(政治放棄實業獲取論)' 등 매우 다양했다. 그런데 이처럼 여러 방안이 제기되었다는 것은 일제가 한국에 대한 확고한 정책을 정하지 못했음을 보여주는데, 러일전쟁에서의 승리를 장담할 수 없는 상황에서 비롯된 것이라 볼 수 있다.

이렇듯 다양한 여론을 수렴한 일제는 1904년 10월 새롭게 '대한방침'을 정하고 그에 따라 '대한시설강령(對韓施設綱領)'을 마련하여 대한방침의 완급과 시기를 정하였다. '대한시설강령'은 6개 항이었는데, ① 방비를 온전히 할 것, ② 외정(外政)을 감독할 것, ③ 재정을 감독할 것, ④ 교통기관을 장악할 것, ⑤ 통신기관을 장악할 것, ⑥ 척식(拓殖)을 도모할 것 등이었다. 이에 따르면, 정치·군사적으로 한국을 완전히 장악하기 위한 제반 전제 조건(철도·통신기관 장악)을 충족시킨 다음, 한국을 상품 판매시장 및 원료와 식량 구입시장으로 확립하기 위한 제반 시설(철도·통신·항만·금융 및 농업시험장)을 정비하고, 일본인의 이주를 촉진하는 조건들(토지 소유권 내지 거주권의 장려 등)을 마련하고자 한 것이었다.

실제 한국과 '공수동맹' 성격의 한일의정서를 체결한 일제는 자신들의 병력과 군수품의 원활한 수송을 위해 경부선·경의선 부설을 서둘렀고 한국의 통신사업을 강제로 빼앗았다. 이때 수많은 한국 농민들이 철도 부설 공사에 강제 동원되어 하루 12시간 이상의 중노동에 시달렸다. 철도 부설 토지의 보상금은 시세의 10%에도 못 미칠 정도로 형편없었다. 한국인들은 거의 무상으로 땅을 빼앗기고 쫓겨나는 신세가 된 것이었다. 이때 의병들이 선로와 전신선을 끊으려다 일본군과 충돌하였다. 또한 일제는 자신들의 전쟁을 위해 '군략상 필요 지점'을 마음대로 짓밟았다. 일제는 1904년 8월 15일 군용지로 용산에 300만 평, 평양에 393만 평, 의주에 280만 평 등 모두 1,000만 평에 가까운 토지를 마음대로 사용하겠다고 한국 정부에 통보하였다. 이런 방식으로 일제는 러일전쟁의 군사기지를 구축하고 한국 침략의 교두보도 마련하였다. 그 뒤 용산에 '한국주차군사령부'가 설치되어 1개 연대 4,300여 명의 일본군이 서울·부산·원산 등 주요 거점에 집중적으로 배치되었다. 이후 일본군은 점차 늘어나 한반도에 2개 사단(약 16,000명) 병력이 주둔하게 되었다. 이런 과정에서도 많은 한국인이 땅을 빼앗겨 거리로 내몰렸다.

이렇듯 일제는 러일전쟁 초기 한일의정서를 통해 군사적 이익을 확보한 뒤, 러일전쟁에서 승기를 잡고 나서는 경제 침략으로 방향을 바꿨다. 일제는 한국에 일본인을 포함한 외국인 고문을 임명하는 것을 구체화하였다. 1904년 8월 고무라 외무대신의 지시에 따라 하야시 공사는 윤치호 외부대신서리와 '한일외국인고문용빙에 관한 협정서(韓日外國人顧問傭聘─關─協定書)'를 체결하여, 일본 정부가 추천하는 재정(일본인)·외교(외국인) 고문을 초빙하고자 했다. 이에 같은 해 10월 15일 일본 대장성 주세국장 출신의 메가타 다네타로(目賀田種太郞)가 재정고문관으로 부임하였고, 그 뒤 12월경에는 일본 외무성 촉탁을 지낸 미국인 스티븐슨(D. Stevens)이 외교 고문으로 용빙되었다. 이로써 외교와 재정 감독을 두게 되었고 그들 밑에 수십 명의 일본인 보좌관이 임명되면서 일제의 한국에 대한 내정간섭이 심화되었다.

재정 고문은 한국 정부의 재정과 관련한 정리·감사·심의·기안권을 갖게 되었다. 그뿐만 아니라 고문들은 각종 회의에 참석하여 자신들의 의견을 제시할 수 있었다. 심지어 의정부와 각 부처가 재정과 관련하여 고종 황제에게 결재를 받기 전에 반드시 고문의 동의와 서명을 받아야만 했다. 그 결과 한국 정부의 재정 권한은 실질적으로 일제의 재정 고문에게 넘어갔다. 외교 고문은 한국 정부의 모든 외교 및 기타 안건에 대해 심의·입안권을 갖게 되었고 한국 외교에 대한 모든 문서와 안건에 대한 동의권을 손에 쥐면서 사실상 한국 외교권을 장악하였다. 이와 함께 1904년 12월에 '외교관 및 영사관 관제 폐지에 관한 건'이 공포되면서 미국·청·독일·일본·프랑스 등 한국 주재 공사관들이 철수하였고, 공사관의 기록 및 영사관 재산은 해당국의 일본 공사가 관리하게 되었다. 또한 한국인의 여권 발급도 일본 영사관에게 넘겨졌다. 한국인은 일본의 허락 없이 누구도 외국으로 자유롭게 나갈 수 없게 된 것이었다.

일본인 고문관 임명은 예서 그치지 않고 계속되었다. 1905년 1월 13일 농상공부에서는 광업을 확장하기 위해 광산 고문에 농상무성 지질조사소장 고치베 다다쓰네(巨智部忠勝)를 내정하였으며, 1905년 2월 3일 경무 고문에 한국경찰권을 장악할 목적으로 일본 중앙경무청 경시(警視) 중에서 사무에 원숙한 일본경시청 제1부장 마루야마 시게토시(丸山重俊)를 고문으로 파견하였다. 이들은 재정·외교 고문과 마찬가지로 의정부회의에 참여하여 내부대신을 통해 의견을 제출할 수 있었다. 그나마 다행인 것은 이전 고문들과 달리 의정부 결의사항을 상주(上奏)하기 전에 동의(同意)·가인(加印)하는 권리나 황제를 알현하여 직접 상주하는 권리는 없었다. 일제는 이외에도 관립중학교 교사 시데하라 다이라(幣原坦)를 학무 고문에 임명하여 식민교육을 시행해서 일본어와 일본 문화를 가르쳐 한국인을 동화시키려 하였다.

한편, 일본은 1905년 1월 '화폐조례'를 공포하여 한국 화폐인 백동화·엽전을 강제로 일본 화폐인 원(圓)으로 교환토록 했다. 이는 기존 한국의 은본위제를 일본과 같은 금본위제로 전환하고 화폐 발행을 일본 제일은

한성은행(현 신한은행 광교영업부 지점)

출처: 국사편찬위원회 소장

행으로 일원화시키고자 한 것이다. 이로써 화폐 남발로 인한 인플레이션은 진정되었으나, 화폐 발행권이 일제에 넘어가면서 한국인들은 막대한 손실을 보아야 했다. 더욱이 일본 화폐로 교환하는 과정에서 일본인 소유의 백동화는 대부분 '갑' 등급을 받았지만, 한국인들은 '을'로 판정을 받아 손해를 감수해야 했다. 이 과정에서 일본인은 폭리를 취했지만, 교환을 거부당한 수많은 한인 상인들과 일반인들은 파산하고 말았다. 그 결과 1905년 중순 무렵에 불어닥친 금융공황에 한국의 민족자본은 맥없이 무너졌고 일본 자본에 잠식당했다. 민족은행이었던 대한천일은행·한성은행 등은 일본의 중앙은행 격인 제일은행의 지배하에 들어가고 말았다.

일제의 한국 '보호국화' 추진

　1905년 5월 일본은 러시아의 막강한 발틱 함대를 쓰시마 해협에서 침몰시키면서 러일전쟁에서의 승리를 완전히 굳혔다. 이후 미국 루스벨트 대통령이 러시아·일본 양국의 중재에 나서면서 강화회담의 물꼬가 트였다. 일제는 이를 기회로 한국의 외교권을 장악하는 동시에 내정을 간섭하여 '보호국화'를 추진하려는 흑심을 드러냈다. 강화회담이 열리기 직전 일제는 미국과 영국 두 나라로부터 한국의 '보호국화'에 대해 묵인 혹은 내락을 받고자 했다. 청일전쟁에서 승리하고도 삼국간섭으로 랴오둥 반도를 도로 내놓아야 했던 값비싼 경험에 의한 것이었다.
　먼저 일제는 1905년 7월 미국과 '가쓰라 태프트 밀약'을 체결하였다.

미국 육군장관 태프트(1857~1930)

일본 총리대신 가쓰라 다로(1848~1913)
출처: Wikimedia Commons

당시 미국의 육군성 장관인 태프트(William Howard Taft)가 필리핀을 시찰하기 전 일본 도쿄에 들렀을 때 일본 수상 가쓰라 다로(桂太郎)를 만나 동아시아 정세 전반에 대해 의견을 나눴다. 이 자리에서 가쓰라는 러일전쟁의 원인이 조선에 있다며, 이러한 문제를 완전히 해결하기 위해서는 단호한 조치가 필요하다고 언급하였다. 이에 태프트는 조선이 일본의 동의 없이 타국과 어떠한 조약이나 약정을 체결하지 못하도록 일본이 종주권을 당연히 가져야 하며 그것은 동아시아의 평화에도 공헌하는 것이라는 발언을 하였다. 일본은 이와 관련한 내용을 문서로 작성하였다. 이것이 가쓰라 태프트 밀약이다.

이와 같은 미국의 한국 인식은 루스벨트의 발언에서도 확인된다. 루스벨트는 러일전쟁 당시 "1900년 이래 한국은 자치할 능력이 없으므로 미국은 한국에 대한 책임을 져서는 안 되며, 일본이 한국을 지배하여 한국인에게 불가능했던 법과 질서를 유지하고 능률 있게 통치한다면 만인을 위해 더욱 좋을 것이라 확신한다"라며 일본의 한국 지배를 용인한 바 있었다.

이어 일제는 1905년 8월 '제2차 영일동맹'을 체결하였다. 이는 제1차 영일동맹이 끝나는 1907년 이후 일본에 대한 러시아의 복수전을 대비한 측면이 강했다. 영국은 일본을 통해 러시아를 견제하고자 한 것이지만, 일본으로서는 러시아의 복수전을 원천 차단하려는 목적도 있었다. 제2차 영일동맹의 핵심은, 영국은 일본이 한국에서 가지는 정치적·경제적·군사적 이익을 보장하며, 일본은 영국의 인도 지배 및 국경 지역에서의 이익을 옹호한다는 것이었다. 러일전쟁이 끝난 후 러시아가 일본의 권익을 침해할 때 영국이 지원하며, 일본 역시 영국의 인도 방위를 지원해야 한다는 것이다. 제1차 영일동맹이 동아시아의 현상 유지를 위한 영국과 일본 간의 방어동맹이었다면, 제2차 영일동맹은 영국과 일본 간의 공수동맹의 성격이 강했다. 그렇다면 그들의 처지에서 보면 제2차 영일동맹은 동아시아 평화 유지의 열쇠였다고 할 수 있다. 당시 주영 일본 공사 하야시 다다스(林董)가 "동양 평화를 이룰 수 있는 길은 영국과의 동맹뿐"이며, "조선의 사활적(死活的) 이해[식민지]가 동맹의 조건"이라 주장한 것과도 상통한다. 이에 제2차 영일동맹에서는 제1차 때 "조선의 독립을 보장한다는 내용이 빠지는 대신에 일본이 한국의 정치·군사·경제 분야에서 특수한 이익을 가지며, 이러한 이익을 옹호·증진하기 위해 한국을 지도·감리·보호할 수 있다"라는 내용이 들어갔다.

이러한 국제적인 분위기 속에서 1905년 9월 포츠머스 강화조약이 체결되었지만, 과정은 순탄치 않았다. 한국의 주권 문제를 둘러싼 일본과 러시아 양측의 입장이 팽팽하였기 때문이다. 포츠머스 강화조약의 주요 내용은 첫째, 한국에 대한 일본의 지도·보호·감리권의 승인, 둘째, 뤼순·다롄의 조차권 승인, 창춘 이남의 철도 부설권 할양, 셋째, 배상금을 청구하지 않는 조건으로 북위 50° 이남의 남사할린 섬 할양, 넷째, 동해·오호츠크해·베링해의 러시아령 연안의 어업권을 일본에 양도할 것 등이었다.

조약 본문에 한국의 주권과 관련한 내용이 포함되지 않았지만, 일본 측의 결의안은 회의록에 삽입되었다. 전문 조약에 "러시아는 일본의 한국에 대한 정치·군사·경제적인 우월권과 지도·감독권을 승인한다"라고 되어 있지만, 결의안에는 "일본국 전권 위원은 … 한국의 주권을 침해할 때 한국 정부와 협의한 후에 이를 집행할 것"이란 내용이 포함되었다. 이로써 한국 정부의 동의만 얻으면 일제의 주권 침해는 언제든 가능하게 되었는데, 실제로 2개월 후에 을사늑약이 체결되면서 현실이 되었다.

이는 당시 세계적으로 유행하고 있던 사회진화론의 전형이었다. 다윈(C. R. Darwin)의 생물진화론을 인간사회에 적용한 것으로, 적자생존·우승열패·생존 투쟁을 핵심으로 한다. 인간사회의 종족·민족·사회·국가도 모두 유기체이므로 생존 투쟁의 법칙 안에 있으며, 약자는 강자에 의해 구축된다는 논리이다. 약자인 조선이 강자인 일본의 식민지가 되는 것은 인간사회의 기본 법칙에 따라 '당연'하다는 논리이다. 그러므로 동아시아의 평화를 위해 일본이 조선을 지배하는 것은 도덕적으로 정당한 것이며, 이것을 사회진화론이라는 논리로 포장한 것이었다.

그런데도 국제 관계에 어두웠던 고종 황제는 외교전을 펼쳐 주권을 지킬 수 있을 것이라 믿었다. 고종 황제는 1882년 미국과 체결한 조약 가운데 "제3국이 만약에 어떠한 불공평이나 경멸을 당하는 일이 있을 때 일단 확인하고 서로 도와주며 중간에서 잘 조처하여 두터운 우의를 보여준다"는 내용을 그대로 믿은 것이다. 이에 러일전쟁 중인 1904년 12월 고종 황제는 주일공사 조민희를 통해 한국의 독립 유지에 미국이 전력해 주길 바란다는 밀서를 미국 국무장관에게 보냈다. 또한 1905년 8월에는 이승만과 하와이의 윤병구가 교민 8천여 명의 대표로 루스벨트 대통령을 만나 일본의 한국 침략을 폭로하고 미국 지원을 요청하였다. 이뿐만 아니라 고종 황제는 을사늑약 체결 1개월 전인 1905년 10월, 한때 육영공원 교사로 근무했던 미국인 헐버트(H. Hulbert)를 통해 루스벨트에게 친서를 보내기도 했다. 하지만 어느 것 하나 받아들여지지 않았다. 미국은 이미 일본의 '한국 보호국화'를 승인한 뒤였기 때문이다.

미국 외에도 고종 황제는 1905년 3월 러시아 황제에게도 밀서를 보냈다. 밀서의 내용은 "러일전쟁이 1년을 넘기며 러시아군이 점차 한국을 떠나가면서 일본의 한국에 대한 압제가 날로 심해지니 … 러시아의 은혜로 일본군을 내쫓거나 혹은 정책으로 일본의 폭압을 물리칠 수단을 여쭙고자 …"와 같았지만, 러일전쟁에서 밀리고 있던 러시아로서는 한국을 지원할 상황이 아니었다. 오히려 일본은 미국·영국·러시아로부터 한국에 대한 우위를 점하게 되자, 즉시 한국에 대한 '보호국화'를 추진해 나갔다.

1905년 10월 일본 각의는 한국에 대한 '보호조약' 원안을 작성하여 한국의 '보호국화'를 최종 결정하였다. 이미 영국과 미국이 동의하였고 열강도 대체로 인정하고 있었기 때문에 한국에 대한 '보호권'을 실행하는 것이 적절하다고 판단한 것이다. 일본 정부는 총리대신을 지낸 추밀원 의장 이토 히로부미를 파견하여 그해 11월 초순에 이를 마무리한다는 계획을 세웠다. 이에 앞서 일시 귀국했던 주한공사 하야시 곤스케(林權助)는 다시 한국으로 되돌아와서는 조선 주둔군 사령관 하세가와 요시미치(長谷川好道)와 함께 사전 준비 작업에 들어갔다. 이때 친일 단체인 일진회는 한국의 '보호조약' 필요성을 떠들고 다녔다. 하야시 공사는 한국의 원로대신들을 교묘히 조정하여 고종 황제의 의사를 떠보기도 하고, 학부대신 이완용을 매수하여 '보호조약'에 적극적으로 나서도록 했다. 더욱이 하야시는 증파된 일본군을 한국의 주요 도시에 배치하여 위압적인 분위기를 조성하였다.

2
을사늑약 체결과 한인들의 저항

을사늑약 체결과 외교권 박탈

1905년 11월 10일 한국에 들어온 이토 히로부미는 닷새 뒤 고종 황제를 알현하고 일본왕의 친서를 전달하는 것으로 '한국의 보호국화'를 시작했다. 이 자리에서 고종 황제는 이토에게 내용적으로는 한국을 일본에 위임한다고 할지라도 형식적으로는 한국이 외교권을 유지하여 외교사절을 파견하고 각국 대표도 한국에 주차할 수 있도록 요구하였다. 이토는 외교권만 위탁하면 내정은 완전히 자치할 수 있다면서 고종 황제의 요구를 거부하였다.

이틀 뒤 11월 17일 이토는 하세가와 대장을 대동하고 다시 고종 황제를 찾아 조약문을 제시하면서 "체결을 거부하면 더 심각한 곤란에 처할 것"이라며 위협했다. 고종 황제는 매우 중대한 문제이기 때문에 대신들과 논의해야 하고 백성들의 의향도 살펴야 한다며 즉답을 피했다. 이에 하

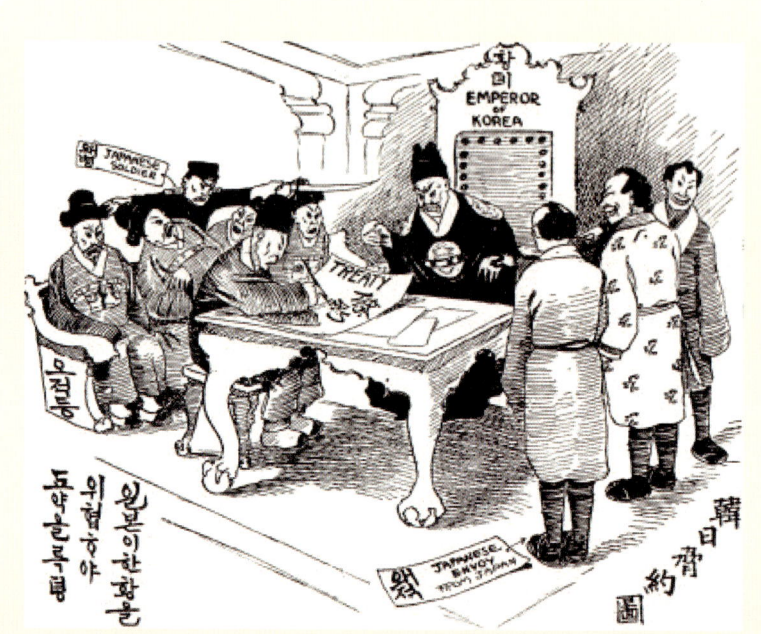

『코리아 뉴스페이퍼(Korean Newspaper)』에 실린 을사늑약 강제 풍자화

출처: 코리아 뉴스페이퍼

을사늑약 체결 당시 경운궁 대안문 앞을 지키고 있는 일본군인들

출처: 문화재청 소장

야시 공사는 외무대신 박제순을 만났고, 각 대신들을 남산의 일본공사관으로 불러들여 조약 체결에 협조를 요구하였으나 대신들 대부분은 손사래를 쳤다. 다만 대신들은 고종 황제에게 이를 아뢴 뒤에 확답하겠다며 자신들의 입장을 유보하였다.

  이렇듯 이토는 서울에 머문 지 열흘이 다 되어도 조약 체결에 별다른 진척이 없자, 대신들의 요구에 따라 어전회의를 열도록 했다. 이때 남산에 대포가 설치되었으며 무장한 일본군들은 서울 시내를 시위 행진하였고 어전회의가 열리는 경운궁 중명전을 에워쌌다. 이러한 공포 분위기 속에서 고종 황제가 주재하는 대신회의가 열렸지만, 조약 체결은 거부되었다. 이후 하야시 공사가 참석한 가운데 대신들끼리 회의를 이어나갔음에도 의견 일치를 보지 못하자, 손탁 호텔에 머물고 있던 이토가 직접 나섰다. 이토는 다시금 회의를 열도록 했으나 총리대신 한규설은 불가하다며 옥신각신했고 끝내 그 말을 듣지 않았다. 이에 이토는 고종 황제를 알현하여 담판을 짓고자 했으나, 고종 황제는 목에 질환이 있다며 사양하고 그를 물리쳤다. 이토의 거듭된 알현 요청에 고종 황제는 "만나 볼 필요가 없다. 물러나 정부의 여러 대신과 협의하라"라는 말뿐이었다. 결국 자리에 돌아온 이토는 대신 회의 개최를 거듭 반대하는 한규설을 옆방에 가두고 여러 대신에게 조약 협의를 윽박질렀다. 자정이 넘어가자 초조해진 이토는 다수결로 조약 체결 가부를 결정한다고 해 놓고서는 대신들의 각자 의견을 물었다. 이하영과 민영기는 반대 견해를 분명히 밝혔지만, 이완용·박제순·이지용·이근택·권중현 등은 조건부 찬성으로 돌아섰다. 이토는 '가'가 많고 '부'가 적다며 조약 성립을 일방적으로 결정해버렸다. 이토는 참정대신이 도장을 찍지 않아도 상관없다며 박제순에게 외부(外部)

의 도장을 가져오도록 하여 조약문에 도장을 찍었다. 이때가 11월 18일 오전 1시쯤이었다.

을사오적

박제순(1858~1916)   이완용(1858~1926)   이근택(1865~1919)

이지용(1870~1928)   권중현(1854~1934)

출처: Wikimedia Commons

을사늑약

일본국 정부와 한국 정부는 두 제국을 결합하는 이해 공통주의를 공고히 하기 위하여 한국이 실제로 부강해졌다고 인정할 때까지 이 목적으로 아래에 열거한 조관(條款)을 약정한다.

제1조 일본국 정부는 재동경 외무성을 경유하여 금후 한국의 외국에 대한 관계 및 사무를 감리(監理), 지휘하며, 일본국의 외교대표자 및 영사는 외국에 재류하는 한국의 신민(臣民) 및 이익을 보호한다.

제2조 일본국 정부는 한국과 타국 사이에 현존하는 조약의 실행을 완수할 임무가 있으며, 한국 정부는 금후 일본국 정부의 중개를 거치지 않고는 국제적 성질을 가진 어떤 조약이나 약속도 하지 않기로 상약한다.

제3조 일본국 정부는 그 대표자로 하여금 한국 황제 폐하의 궐하에 1명의 통감(統監)을 두게 하며, 통감은 오로지 외교에 관한 사항을 관리하기 위하여 경성(서울)에 주재하고 한국 황제 폐하를 친히 내알(內謁)할 권리를 가진다. 일본국 정부는 또한 한국의 각 개항장 및 일본국 정부가 필요하다고 인정하는 지역에 이사관(理事官)을 둘 권리를 가지며, 이사관은 통감의 지휘하에 종래 재한국 일본영사에게 속하던 일체의 직권을 집행하고 아울러 본 협약의 조관을 완전히 실행하는 데 필요한 일체의 사무를 장리(掌理)한다.

제4조 일본국과 한국 사이에 현존하는 조약 및 약속은 본 협약에 저촉되지 않는 한 모두 그 효력이 계속되는 것으로 한다.

제5조 일본국 정부는 한국 황실의 안녕과 존엄의 유지를 보증한다.

조약은 일제가 조선의 외교권을 박탈·대행한다는 제1조와 제2조, 그리고 통감부를 설치한다는 제3조의 두 부분으로 나눠볼 수 있다. 이에 따라 일제는 11월 22일 통감부 및 이사청(理事廳)의 설치에 관한 칙령을 공포하였고, 바로 다음 날 11월 23일에는 협약의 체결을 공식 공포하였다. 그 뒤 일제는 이를 각국에 통보하였고 이와 동시에 한국 정부에 대해 외부와 재외 공사관을 공식적으로 폐지토록 하였다. 하지만 각국 주재 한국 외교관은 한국 정부의 철퇴명령은 물론이고 협약 체결도 받지 못했다며 철퇴를 거부하였다. 이에 외부대신 이완용은 1905년 12월 14일 프랑스·독일·미국·청·일본 주재 공사 및 영사에게 보유기록 및 관유 재산을 일본 대표에게 이전하고 철퇴하라는 훈령을 내려보냈다.

또한 일제는 한국 주재 각국 공사관도 조속히 철폐할 것을 요구하였다. 이에 가장 먼저 1905년 11월 24일 미국이 철폐 의사를 보였고, 10월 17일 귀국하였던 이탈리아 공사는 서울에 부임하지 않은 채 공사관 폐쇄

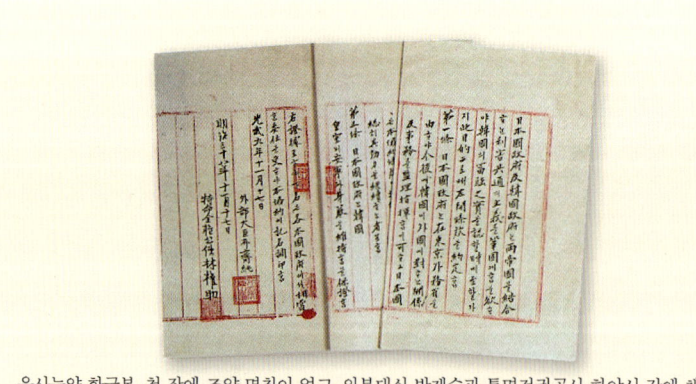

을사늑약 한글본. 첫 장에 조약 명칭이 없고, 외부대신 박제순과 특명전권공사 하야시 간에 체결되었다.

출처: 국사편찬위원회 소장

을사늑약 체결 직후, 이토(앞줄 가운데)와 을사오적이 함께 기념 촬영한 사진

출처: 서울역사박물관 소장

을사늑약이 체결된 경운궁 내 중명전

출처: 서울역사박물관 소장

를 결정하였다. 이후 12월 초까지 대부분의 각국 외교사절은 서울을 떠났다. 이로써 한국은 국제무대에서 완전히 사라졌고 이를 일본 외무성이 대신하게 되었다. 이후 영국·미국·프랑스·독일·청·이탈리아·벨기에·러시아 등 주한 각국 영사는 일본 외무성에 파견 신청을 하여 일본 왕의 승인을 받아 통보하고 통감부는 한국 정부에 이를 통보하는 형식으로 다시 부임하였다. 이러한 한국 주재 각국 공사관의 철폐는 일제에 의한 조선의 보호국화를 열강이 인정함과 동시에 향후 한국의 식민화를 예견하는 것이기도 하였다.

국제법적인 절차와 형식의 준수 여부, '불성립론'과 '부당·합법론'

을사늑약의 '불성립론'은 1992년 5월 이태진·백충현·윤병석 등에 의해 처음 제기되었다. 을사늑약 체결에 필요한 서명자 외부대신과 일본 공사의 전권위임장과 황제의 비준서가 없으며, 조인문서가 있지만 문서 제목이 없는 등의 문제점을 지적하였다. 또한 국제법적인 절차와 형식을 무시하였다는 점을 문제 삼았다. 국가 간 조약 체결은 위임·조인·비준 등의 절차를 밟아야 하는데, 을사늑약 체결 시에는 그 어느 것 하나 갖춰지지 않았다. 이전에 제기되었던, 대표에게 가해진 강박으로 인해 성립된 조약은 '무효'라는 입장에서 한 발 더 나가, 을사늑약 자체가 성립하지 않았다는 견해다.

이에 대한 일본 측의 입장은 크게 두 가지였다. 일본 정부는 '합당·합법론'이라는 입장을 견지했지만, 일본 학자들은 '부당·합법론'을 내세웠다. '부당·합법론'은 을사늑약은 다른 나라를 침략했다는 점에서는 부당하게 이뤄졌지만, 당시 제국주의 국가들은 분쟁 해결 수단으로 전쟁이나 타민족 지배로 식민지 지배를 정당화하고 있었으며, 체결 절차는 국제법적으로는 적법하며 합법적으로 이뤄졌다는 논리이다. '부당·합법론'을 주장하는 일본의 대표적인 학자는 운노 후쿠주(海野福壽)이다.

운노는 한국 측에서 '불성립론'의 근거로 내세운 세 가지에 대해 반박했다. 먼저 전권위임장과 비준서는 한국과 일본 모두 국내법으로 이를 의무화하고 있지만, 조약의 유·무효를 결정하는 것은 국제법에 따른다고 하면서, 조약법 조약이나 국제관습법에서는 직무의 성질상 전권대표·대사·공사·외무장관 등에게는 전권위임장이나 비준서를 의무화하지 않았기 때문에 을사늑약뿐만 아니라 여타 조약들도 전권위임장이나 비준서가 필요 없는 약식조약이었다고 강변했다. 또한 의회제도가 발달하지 않은 전제국인 한국에서는 군주의 재가를 전제로 하는 약식조약이 많이 이뤄졌다는 점을 강조했다.

이러한 운노의 주장에 대해 이태진은 조약절차에 있어서 전권위임장과 비준서가 빠진 것은 세계 조약사와 한·일 간의 협정사에 견주더라도 이례적이고 파격적인 상황에 해당한다고 지적했다. 그는 일본 측이 처음부터 약식조약의 형식을 취한 것이 아니라고 하였다. '보호조약'의 중요성을 인식하고 있었던 이토는 고종 황제를 알현할 때마다 전권위원의 임명을 거듭 요구하였으며, 처음에는 '한국외교위탁조약'이란 이름으로 정식조약을 체결하고자 하였으나, 한국 측의 거센 반대에 부딪히자 형식과 절차를 무시한 채, 전권위임장과 비준서를 생략하고 조약 명칭이 없는 조약을 강요하였다고 반박했다.

그리고 이태진은 이를 증명해 보이기 위해 한국 정부가 외국과 체결하였던 56건의 조약·협정서를 분석했다. 그 결과 1876년 강화도조약 이후 1880년대 한성조약까지 체결된 6건의 조약은 일본 측이 형식과 절차를 중시하여, 모두 위임장 발포 및 이에 관한 확인, 비준서 또는 국서 발급이 이뤄져 국제공법에 아무런 문제가 없지만, 청일전쟁 중에 체결된 '대일본대조선맹약' 이후 약식조약 형식을 취하였으며, 특히 1904년 2월부터 1910년 9월까지 체결된 5개의 협정은 전권위임장과 비준이 모두 빠져 있음을 밝혀냈다. 이로써 약식조약이 일반적인 관례가 아니었다고 결론을 내리고, 제국주의 시대의 국제법은 '강자의 법'이기 때문에 형식 요건을 따져 묻는 것은 무의미하다는 일본 측의 논리를 전면 부정하였다.

이어 이태진은 운노의 주장처럼 한국은 군주제 국가였기 때문에 조약 체결은 군주의 고유권한이었음을 인정했다. 다만 군주가 이를 처리하기 위해서는 제도적 절차에 따라야 했음을 지적했다. 먼저 조약을 체결하기 전에 의정부 논의를 거쳐 중추원의 자문을 얻은 뒤에, 영의정과 주임 대신이 작성한 상주안(上奏案)에 황제가 서명·하답하면 영의정이 이를 낭독하여 결과를 알리고, 마지막으로 황제의 재가를 받은 뒤에 조약문에 어압·어새를 찍고, 이를 『관보』에 게재, 반포하면 모든 절차가 일단락된다는 점을 논증해 보였다. 이때 조약문에 어압·어새를 찍는 것은 곧 비준서 작성을 의미한다고 주장하였다. 그런데 을사늑약이 이러한 절차를 무시하고 이뤄졌기 때문에 을사오적에 대한 비난이 쏟아졌던 것이며, 고종 황제가 이토의 강압에도 불구하고 민의를 묻고 중추원의 동의를 얻어야 하며, 의정부 회의에 부쳐야 한다고 주장했던 것도 조약 체결의 형식과 절차를 중요하게 여겼기 때문이라 주장했다.

운노는 이태진이 주장한 내용 중에서 두 가지를 비판하였다. 첫째, 그는 천황이 부여하는 전권위임장과 자국 정부(외상)가 내리는 전권위임을 구별하여 하야시 주한일본공사는 정부 수준의 전권위임을 받은 것이며, 이토가 고종 황제에게 요구한 것은 문서에 의한 조칙이나 전권위임장이 아니라 박제순에게 교섭, 조인할 수 있도록 하는 전권위임 칙명이었다고 주장했다. 둘째, '한국외교위탁조약'이 체결되지 못한 것이 아니라, 조약 명칭은 하야시 공사가 가쓰라 임시외상에게 보낸 전문에만 나올 뿐, 일본 정부의 훈령에서는 사용되지 않았다는 점을 들어, 하야시의 자의적인 표현에 불과한 것이었다고 주장했다. 이러한 맥락에서 운노는 을사늑약뿐만 아니라 제1차 한일협약, '한국병합조약', 제1·2차 영일동맹협약, 제1차 러일협약, 간도협약, 일인(日印)통상조약 등도 조인 정본에는 명칭이 없음을 지적했다.

또한 운노는 비준서에 대해서도 본인의 견해를 밝혔다. 그는 외교 행위로서의 비준(비준서 교환, 또는 비준 통고)과 국내에서의 조약 체결권자의 비준(천황·황제의 재가)으로 구별하고, 1905년 조약은 비준 조약이 아니었기 때문에 비준서는 처음부터 없었던 것이며, 이토는 을사늑약 체결 당시 고종 황제가 조약안을 수정토록 지시한 것을 재가로 판단하였다고 주장했다. 그는 이러한 자신의 견해를 뒷받침하고자 일본이 체결하였던 조약 형식을 비준 요건의 조약, 천황의 재가를 요건으로 하는 국제약속, 그리고 요건으로 하지 않는 국제약속 등 세 가지로 구분했다. 일본이 한국을 제외한 외국과 체결한 26건의 조약 가운데 전권위임장이 발급된 경우는 17건, 전권위임장과 비준 조항이 없는 조약은 9건이었다면서, 한·일 간 조약 가운데 1885년 이전 조약에 전권위임장이 동반한 것은 수호통상조약이나 사건의 선후 조약일 경우에만 해당하고, 1894년 이후 조약들은 전권위임장과 비준 조항이 필요 없는 정부 간의 약속이었다고 주장했다. 결국 국제법상 어떠한 형식으로 조약을 체결할 것인지에 대해서는 일정한 관례는 있었으나, 어디까지나 당사자가 합의해 결정되었음을 강조한 것이다.

이태진과 운노와의 논쟁 중에 역사학자 아라이 신이치(荒井信一)는 다른 조약과 비교해서 을사늑약의 절차상 결함을 인정했다. 을사늑약은 비준 요건의 조약이었으며, 일반적인 조약 형식에 비추어 적법성을 주장하기에는 무리가 따른다. '한일협약'의 경우에는 이러한 비준마저 없었다며 이는 다른 조약과 비교해 보면, 변칙성 즉 형식의 간략성과 내용의 중대성과의 차이는 당시 국제법을 비춰보더라도 중대한 결함을 지닌다고 지적했다.

이와 달리 국제법 학자인 사카모토 시게키(坂本茂樹)는 역사 인식과 법적 논의는 별개의 문제라고 전제한 뒤에 '부당·무효론'에 대한 의문을 제기했다. 올바른 역사 인식이 필요하다는 데는 공감하지만, 역사 인식이 법적 의논을 규정해야 한다는 것에는 반대하는 견해다. '유효·부당론'이 종래 '유효론'이 내포하고 있던 '정당성'을 인정하지 않는다는 데는 일정한 의미를 둘 수 있지만, 국제법상 '유효'한 것으로 결론이 내려졌다면, 당연히 '정당성'을 가진다고 주장했다. 그리고 이러한 논점에서 벗어나, 역사 문제를 예전 조약의 효력 문제, 즉 유효, 무효라는 이분법적인 인식보다는 식민지 지배의 가혹한 실상과 그러한 역사를 어떻게 청산할 것인지에 대한 보다 폭넓은 과제에 관심을 돌려야 한다고 주장했다.

을사늑약 체결의 강제성 여부, '무효론'과 '유효론'

한국 측은 절차상의 문제뿐만 아니라, 을사늑약이 일본군의 군사적 포위 속에서 고종 황제와 정부 내각에 대한 협박으로 이뤄졌기 때문에 '무효'라는 입장이다. 이러한 조약 체결은 1969년 5월 채택된 '조약법에 관한 빈 조약' 제51조에 어긋나며, 당시 관습 국제법에도 위반되기 때문에 조약 자체가 성립하지 않는다는 견해다. 이토 나리히코(伊藤成彦)는 제국주의 시대의 국제법은 '승냥이'의 국제법이지만, 동시에 정의 구현으로서 '양(羊)'의 국제법도 존재하였다고 지적하면서, 군사적인 협박하의 협정·조약은 일체 무효라는 입장을 견지했다.

이에 대해 사카모토는 국가 대표자에 대한 강제와 국가 강제의 구별 기준을 어디에 둘 것인지에 관한 판단이 쉽지 않고, 당시 관습 국제법이 충분한 기준을 제공하고 있었는지도 의문스럽다며, '무효론'을 인정하지 않았다. 그는 을사늑약 체결 당시 국가에 대한 강제와 국가대표에 대한 강제가 혼재하고 있었으므로 국가대표에 대한 강제라고 단순화할 경우, 국제법상 조약의 무효를 주장하는 한국에 그 증명책임이 있으며 이를 입증하지 못하는 한 을사조약은 유효하다고 주장하였다.

법학자인 사사카와 노리카츠(笹川紀勝)는 사카모토가 제시한 국가 대표자와 국가 강제를 구별하는 판단기준으로 국제법의 교과서와 학설사에 근거하여, 이를 '시제법(時際法)'에 따라 검증하고자 했다. 그는 당시 국가에 대한 강제는 '유효'하지만, 국가 대표자에 대한 강제는 '무효'라는 입장이 관습 국제법에서는 승인되었다고 주장했다. 다만 국가 대표자에 대한 강제에서 개별적인 폭력이나 강박(협박)이 있었는지를, 그리고 국가 강제에서는 무력과 협박을 가하는 당사국에 '불법행위에 대한 구제' 또는 '권리보장'을 증명해 내는 것이 중요하다고 했다. 을사늑약의 유효성 문제는 국가 대표자 혹은 국가에 대한 강제 사실을 입증해 보여야 하는데, 을사늑약에서는 국가 대표자의 동의 자유는 찾아볼 수 없으며, 국가 강제에서도 '불법행위에 대한 구제' 또는 '권리보장'에 해당하는 것은 없다면서, 을사늑약이 유효하다는 주장은 문제가 많다는 의견을 제시했다.

법학자인 이근관은 을사늑약의 대표 강제가 국가에 대한 것인지 혹은 개인에 대한 것인지를 분간하기 어려워 무효 사유가 되기 어렵다는 일본 측의 해석에 대해 시제법을 세밀하게 검토하여 당시의 국제법과 국제법학자들이 국가인지 개인인지에 대한 분별을 엄밀하게 의식하지 않았다는 점을 지적했다. 또한 그는 을사늑약을 무효의 사례로 들었던 구미 학자들의 논문 8편을 발굴, 소개하면서 '유효론'을 비판했다.

사사카와는 이근관이 제시한 방법론, 즉 강제에 의한 조약 무효의 관계 문헌을 수집·분석하는 학설사적인 방법론을 이어받았다. 그는 조약 무효에 관해 1905년 이후에 간행된 문헌 중에서, 을사늑약을 강제에 의한 조약 무효라고 주장한 자료 17건 가운데, 이를 유효한 것으로 인정한 것은 3건에 불과했다고 지적하며, 대표 강제에 의한 조약 무효는 당시 국제법학자들 사이에서 일반적으로 합의를 보고 있었던 것으로 생각된다고 주장했다.

운노는 을사늑약 체결 시에 강압을 행사하여 국제조약법이나 관습 국제법을 위반한 사실이 없음을 증명해 보이고자, 고종 황제가 을사늑약을 재가했다고 주장했다. 고종 황제가 이토와 하야시 주한일본공사에게 대신들과 협의하라고 한 것이나, 조약안을 고종 황제가 수정한 뒤 재가한 것, 그리고 을사늑약이 『관보』에 게재되었다는 점 등을 그 이유로 들었다. 아울러 그는 을사늑약이 강제된 결과라면 고종 황제의 비준도 강제로 얻을 수 있었을 것이라고 항변했다.

하라타 다마키(原田環)는 『일성록』·『승정원일기』·『의정부일기』 등을 분석하여 한국의 조약 체결 제도를 검토하였다. 그 결과 의정부는 심의기관이고 중추원은 자문기관이며 최종 결정권자는 '대한국국제'에 의해 주권이 명기된 황제에게 있었음을 밝혀냈다. 이에 근거하여 운노는 이완용 등이 제출한 '5대신 상소문'을 치밀히 분석하여, 고종 황제가 조약 추진의 지배력을 발휘하여 주체적으로 관계하였다고 주장했다. 고종 황제가 일본 측이 제시한 내용을 수정한 뒤, 조인에 응하였기 때문에 합법적으로 조약이 이뤄졌다고 주장했다. 고종 황제가 조약 체결에 거부 반응을 보이지 않았던 것은 조약 이전부터 전개해 온 외교공작에 기대를 걸었고 그 성공을 전제로 조약 조인에 나섰으며, 이와 동시에 더한층 조약 무효화를 위한 외교공작을 펼친 것이라 평가했다. 이태진은 '5대신 상소문'은 '일한신협약조인시말'에 맞춰서 작성된 것에 불과한데, 대외적으로 협약의 합법성을 과시하기 위해 사후에 짜맞춘 것이기 때문에 왜곡과 과장이 심하여 기술된 그대로 믿을 수 없다고 반박했다.

운노는 을사늑약의 절차상 문제나 강제성 여부에 초점을 맞췄던 것에서 논점을 확대해, 고종 황제가 을사늑약의 부당성을 서구 열강에 알리기 위해 9개국 원수에게 보낸 비밀 친서의 진위 여부를 제기했다. 첫째, 비밀 친서에 사용된 어새가 등록된 것이 아니며, 둘째, 화압(花押)이 없으므로 문서 형식에 문제가 있어 문서 진위를 판단할 수 없다고 주장했다.

이태진은 국가대표에 대한 강제와 관련하여 어새의 진위 여부 문제를 판가름하기 위해 고종 황제 문서 16점을 분석하였다. 그 결과 고종 황제는 비밀 친서와 특사의 위임장, 즉 비밀 보장을 필요로 할 때에는 내부대신이 관리하는 황제 결재의 정식 인장인 어새와 어압을 쓰지 않고 자기가 직접 소지한 황제 어새를 사용했음을 논증해 보였다. 또한 화압에 대해서는 일본식 화압제도가 도입된 것은 순종 황제 이후이기 때문에, 고종 황제 시기에는 문젯거리가 되지 않는다고 논박했다. 그 뒤 고종 황제의 친서 진위문제는 더는 거론되지 않았다.

을사늑약에 대한 외교적 저항

1905년 11월 18일 아침, 을사늑약 체결 소식에 학생들은 등교하지 않았고, 관료들은 업무를 전폐하였으며, 상인들은 가게 문을 닫았다. 지방 유생들은 서울로 몰려와 조약 폐기와 조약에 찬성한 '매국 오적'의 처벌을 요구하였다. 『황성신문』은 일제의 검열에도 이를 세상에 알렸다. 신문 사장 장지연은 『황성신문』 1905년 11월 20일자에 '이 날에 목 놓아 통곡하노라'라는 뜻의 「시일야방성대곡(是日也放聲大哭)」을 게재하였다.

고종 황제는 을사늑약 체결 직후 독일에 있던 민철훈에게 긴급 전보를 타전하였다. 민철훈은 1900년 11월 이후부터 1904년 2월까지 독일 특명전권공사를 지냈고 그 후 미국 주재 특명전권공사로 떠나갔지만, 1905년 6월 열리는 독일 빌헬름 황태자의 결혼식 참석차 독일에 머물고 있었다. 고종 황제는 전보에서 "일본 정부는 이토 후작을 한국 통감으로 임명하도록 짐을 압박하고 있고 대한제국의 외교권을 넘겨받으려고 한다. 이것은 국제법적 관점에서 용납이 안 된다"라며 황실과 대한제국이 시급히 위

「시일야방성대곡」

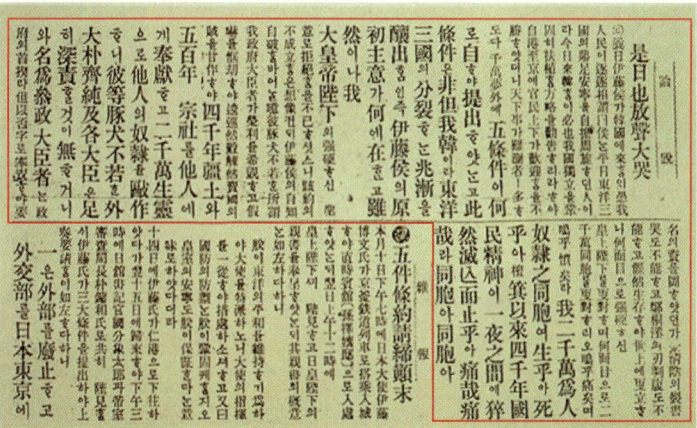

장지연이 쓴 「시일야방성대곡」(『황성신문』 1905년 11월 20일 자)

　지난번 이등 후작이 내한했을 때*에 어리석은 우리 인민들은 서로 말하기를, "후작은 평소 동양 삼국의 정족(鼎足) 안녕을 주선하겠노라 자처하던 사람인지라 오늘 내한함이 필경은 우리나라의 독립을 공고히 부식(扶植)케 할 방책을 권고하기 위한 것이리라" 하여 인천항에서 서울에 이르기까지 관민 상하가 환영하여 마지않았다. 그러나 천하 일 가운데 예측하기 어려운 일도 많도다. 천만 꿈밖에 5조약이 어찌하여 제출되었는가. 이 조약은 비단 우리 한국뿐만 아니라 동양 삼국이 분열을 빚어낼 조짐인즉, 그렇다면 이등 후작의 본뜻이 어디에 있었던가?

　그것은 그렇다 하더라도 우리 대황제 폐하의 성의(聖意)가 강경하여 거절하기를 마다하지 않았으니 조약이 성립되지 않은 것인 줄 이등 후작 스스로도 잘 알았을 것이다. 그러나 슬프도다. 저 개돼지만도 못한 소위 우리 정부의 대신이란 자들은 자기 일신의 영달과 이익이나 바라면서 위협에 겁먹어 머뭇대거나 벌벌 떨며 나라를 팔아먹는 도적이 되기를 감수했던 것이다.

　아, 4천 년의 강토와 5백 년의 사직을 남에게 들어 바치고 2천만 생령들로 하여금 남의 노예되게 하였으니, 저 개돼지보다 못한 외무대신 박제순과 각

대신들이야 깊이 꾸짖을 것도 없다 하지만 명색이 참정대신이란 자**는 정부의 수석임에도 단지 부(否)자로써 책임을 면하여 이름거리나 장만하려 했더란 말이냐.

김청음***처럼 통곡하며 문서를 찢지도 못했고, 정동계****처럼 배를 가르지도 못해 그저 살아남고자 했으니 그 무슨 면목으로 강경하신 황제 폐하를 뵈올 것이며 그 무슨 면목으로 2천만 동포와 얼굴을 맞댈 것인가. 아! 원통한지고, 아! 분한지고. 우리 2천만 동포여, 노예된 동포여! 살았는가, 죽었는가? 단군·기자 이래 4천 년 국민정신이 하룻밤 사이에 홀연 망하고 말 것인가. 원통하고 원통하다. 동포여! 동포여.

---

* 이등박문(伊藤博文: 이토 히로부미)이 러일전쟁 당시인 1904년 3월 일본특파대사 자격으로 한국에 건너온 것을 말한다.
** 당시 참정대신이었던 한규설을 두고 한 말이다.
*** 김청음(金淸陰): 조선 중기 문신 김상헌. 김상헌은 병자호란 당시 최명길이 작성한 항복문서를 찢고 통곡하였다.
**** 정동계(鄭桐溪): 조선 중기 문신 정온. 정온은 병자호란 때 이조참판으로서 김상헌과 함께 척화를 주장하다가 화의가 이루어지자 사직하고 덕유산에 들어가 은거하다가 5년 만에 죽었다.

기에서 벗어나 독립을 보장받을 수 있도록 독일 정부에 도움을 요청할 것을 명령했다. 이러한 고종 황제의 판단은 러시아와 가까운 독일이 실질적인 도움을 줄 것으로 믿었기 때문이다.

이어 고종 황제는 미국 워싱턴의 헐버트에게 한 통의 전문을 보냈다. 이에 따르면, "짐은 최근에 한국과 일본 사이에 체결된 보호조약이 일본의 위협과 협박을 받아 강압적으로 맺어진 것이므로 무효임을 선언한다. 짐은 거기에 동의한 일도 없으며, 또 앞으로 결코 그럴 리가 없을 것이다. 미국 정부에 이 사실을 전하라"고 하였지만, 이미 미국은 을사늑약을 인정하고 있었기 때문에 아무런 소용이 없었다.

고종 황제는 이에 그치지 않고 1906년 1월 그의 측근이었던 프랑스인 광산검찰관 트레뮬레(M. Tremoulet)를 통해 프랑스 대통령과 독일 황제에게 보내는 밀서를 전달하였다. 고종 황제는 일본의 침략과 핍박이 날로 심해지더니 결국 대한제국의 외교권을 박탈하여 자주권을 크게 훼손

『트리뷴』에 실린 고종 황제의 '조약 무효선언 국서'

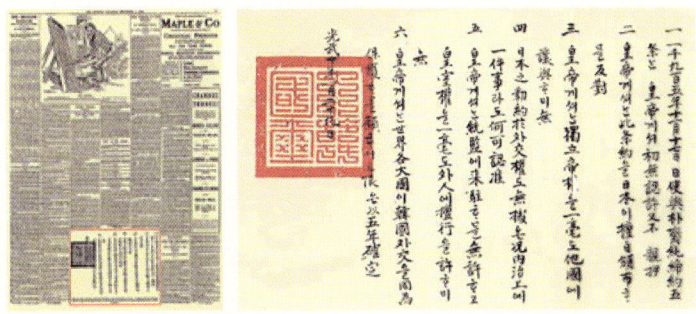

1906년 12월 1일자 『트리뷴』에 게재된 고종 황제의 '조약 무효선언 국서(1906.1.29)'

1. 1905년 11월 17일 일본 공사와 박제순이 체결한 5조약은 황제께서 처음부터 인허하지도 친압[서명]하지도 않았다.
2. 황제께서는 이 조약을 일본이 멋대로 반포하는 것을 반대하였다.
3. 황제께서는 독립된 황제권을 다른 나라에 양여한 적이 없다.
4. 일본이 외교권을 늑약한 것도 근거가 없는데 하물며 내치상에 한 가지 문제라도 어찌 인준을 하겠는가.
5. 황제께서는 통감이 한국에 머무르는 것을 허락한바 없고 황제권을 털끝만큼도 외국인이 마음대로 하도록 허락한 적이 없다.
6. 황제께서는 세계 각 대국이 한국외교를 다함께 보호해주기를 바라옵고 기한은 5년 이내로 확정하였다.

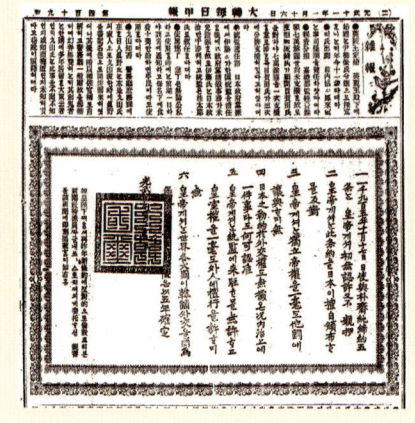

『대한매일신보』 1907년 1월 16일 자에 수록된 '을사조약 무효선언 국서'

시켰다며 한국이 독립국으로 유지될 수 있도록 적극적인 도움을 요청했다. 그뿐만 아니라 고종 황제는 늑약에 따라 통감부 설치가 임박해지자, 1906년 1월 을사늑약 무효와 통감의 파견을 반대하는 국서를 작성하여 영국 『트리뷴(Tribune)』지 한국 특파원 더글러스 스토리(Douglas Story) 기자에게 전달하였다. 국서에는 별도의 제목 없는 6개 조항과 대한제국의 공식 외교문서를 확인시켜 주는 '대한국새'가 찍혔다. 스토리 기자는 귀국하여 『트리뷴』 1906년 12월 1일 자에 이를 보도하였다.

영국인 베델(Bethel, 1872~1909)이 경영하던 『대한매일신보』는 1907년 1월 16일자 신문에 『트리뷴』에 실린 '조약 무효선언 국서'를 다시금 게재하였다.

을사늑약 반대 상소와 자결 순국

을사늑약이 체결되자 이를 반대하는 상소와 순국이 이어졌다. 시종무관장 민영환은 '을사오적' 처단과 조약 폐기를 주장하였지만, 받아들여지지 않자 1905년 11월 말 고종과 2천만 동포에게 보내는 유서를 남기고 자결하였다. 민영환을 시작으로 자격 순국이 줄을 이었다.

궁내부 특진관을 지낸 조병세는 78세의 노구에도 불구하고 경기도 가평에서 서울로 올라와 국권 회복과 을사오적의 처형을 주청하려 했으나 일제의 방해로 뜻을 이루지 못하였다. 이에 민영환 등 여러 관리와 함께

오호라,
나라의 수치와 백성의 욕됨이 바로 여기에 이르렀으니,
우리 인민은 장차 생존경쟁하는 가운데 모두 진멸하겠구나.
무릇 살기를 바라는 자는 반드시 죽고, 죽기를 바라는 자는 살 것이니,
여러분이 어찌 헤아리지 않겠는가.
영환은 다만 한 번 죽음으로써 우러러 임금님의 은혜에 보답하고, 그럼으로써 우리 이천만 동포 형제에게 사죄하노라.

영환은 죽되 죽지 아니하고,
구천에서도 여러분을 기필코 도울 것이니,
바라건대 우리 동포 형제들은 더욱 더 분발하고,
뜻과 기개를 굳건히 하여 그 학문에 힘쓰며,
마음을 굳게 하고 힘을 합쳐서 우리의 자주 독립을 회복한다면,
죽은 자는 마땅히 어스름한 먼 하늘에서나마 기뻐 웃으리라.

민영환(1861~1905)
출처: Wikimedia Commons

입궐하여 을사늑약의 무효와 을사오적의 처형 등을 상소하려 했으나 이 마저도 일본군에 의해 저지를 당하고 표훈원에 연금되었다. 그는 곧 풀려났지만, 다시 대한문 앞으로 달려가 석고대죄하며 을사늑약 파기를 주장하다가 또다시 일본 헌병에게 강제 연행되었다. 그 후 그는 고향인 가평으로 추방되었으나 다시 상경하여 표훈원에서 고종 황제에게 올릴 상소와 각국 공사 및 동포에게 보내는 유서를 남기고 음독 자결하였다.

민영환과 조병세의 자결은 온 국민의 항일의식을 고취하는 계기가 되었다. 특히 전직 고관 홍만식·송병선·이명재·이설, 하급 관료 이상철·이건석 등, 군인 출신 김봉학, 인력거꾼·여종 등의 평민과 심지어 외국인으로 중국인 판종리(潘宗禮)·일본인 니시자카 유타카(西板坡豊) 등도 순국하였다.

홍만식은 갑신정변의 주역 홍영식의 친형으로 이조 참판을 지냈으나 갑신정변 이후 부친인 홍순목을 따라 자살을 기도했지만 실패했다. 10여 년이 지난 뒤 관직을 제수받았지만, 미사신(未死臣: 아직 죽지 못한 신하)이라며 한사코 사양하였다. 그는 경기도 여주 시골집에서 세상을 등지고 살다가 을사늑약 체결 소식에 음독 자결로 애통함을 표했다. 그의 순국은 민영환보다 빨랐다. 고종 황제는 "시국이 위태로워지자 근심하고 통분한 마음으로 강개하여 자결하였으니 매우 애통스럽다"는 조서를 내리고 그를 참정대신에 추증했다.

송병선은 송시열의 9대손으로 위정척사론자였다. 을사늑약의 파기와 5적의 단죄를 주장하는 상소를 올렸으나 자신의 주장이 받아들여지지 않자 상경하여 고종 황제와 독대까지 하였다. 그 뒤 고종 황제로부터 하명을 기다리던 중 경무사 윤철규에게 속아 일본 헌병대에 의해 고향으로 압송되었다. 며칠 뒤 그는 "대도(大道)의 수호를 위해 죽음을 선택한다"라는 유언을 남기고 음독 자결했다.

이명재는 대사헌을 지낸 인물로 낙향하여 낙동강의 지류인 금호강 근처에 살고 있었는데 을사늑약 소식을 접하고는 울분에 자결 순국하였다. 김봉학은 황해도 황주 출신인데 경기도에서 을미의병을 일으킨 뒤 군에 입대하였다. 그는 민영환 등의 자결 순국에 영향을 받아 "원수인 왜놈을 죽이고 나도 죽겠다"라며 이토 히로부미의 처단 계획을 세웠지만, 사전에 탄로나자 독약을 마시고 순국했다. 당시 학부 주사였던 이상철은 을사늑약 반대운동을 전개했지만, 그 뜻을 이루지 못하고 자결 순국이 이어지자 원통함을 이기지 못하여 음독 자결했다. 이외에도 민영환의 행랑에 살았던 인력거꾼은 경우궁 뒷산 기슭에서 소나무에 목을 매어 순국했고, 송병선의 시종 또한 자결 순국했다.

그 가운데 중국인 판종리와 일본인 니시자카 유타카의 자결은 주목할 만하다. 판종리는 중국 천진 출신으로 일본 유학을 마치고 한국을 거쳐 귀국하던 길에 인천에 들렀다. 이때 그는 강제로 을사늑약이 체결되었다는 소식과 함께 민영환이 자결 순국했다는 신문 보도를 접하고는 한국이 이미 망했으니 중국 역시 위태롭게 되었다며, 중국인들에게 경각심을 불러일으키기 위해 바다로 뛰어들어 목숨을 끊었다. 그의 장례식은 제대로 치러지지 못했지만, 청 직예총독 위안스카이(袁世凱)는 "그대의 목숨이 이미 다하였네. 동포들을 어찌하리. 여러분들은 힘쓸지어다. 평범한 백성들이 질책할 것이니라"라는 조문을 작성하여 그의 의로운 죽음을 위로했다.

니시자카는 평화주의자로 동양 여러 나라를 돌며 평화를 권고하였는데, 특히 한·청·일의 평화를 중시했다. 그는 서울에 머무는 동안 이토와 하세가와 일본군 사령관의 강압적 침략정책에 여러 번 경고하였지만, 받아들여지지 않아 자결로 항거하려고 높은 누각에서 올라 떨어졌지만, 미수에 그쳤다. 그 자리에서 그는 민중들에게 연설한 다음에 스스로 자신을 찔러 죽었다.

을사늑약과 의열투쟁

을사늑약을 반대하는 격문을 쓰고 상소를 올리거나 연설하는 것으로는 이를 무력화하는 데 한계가 있었다. 그 대안으로 을사늑약에 직접 관여한 이토 히로부미, 하야시 곤스케 일본 공사 등과 을사오적을 처단하려는 의열투쟁이 동시다발적으로 일어났다.

경기도 안양 출신의 농민 원태우는 서리재 고개에서 수원 관광을 마치고 서울로 돌아가는 이토가 탄 열차에 돌을 던졌다. 돌멩이는 정확하게 이토가 앉은 창문을 깨뜨려 전치 1주의 상처를 입혔다. 의기 있는 사람들은 '을사오적'을 여러 번 처단하려 했지만, 일본군의 삼엄한 경계와 빈틈 없는 보호에 번번이 실패했다. 그 가운데 전남 장성 출신의 기산도는 상동교회의 전덕기·정순만 등과 함께 상소 투쟁에 동참했지만, 성과가 미미해지자 1905년 11월 박종섭 등과 함께 결사대를 조직하고 권총과 단도를 마련하며 거사를 준비하던 중에 발각되어 옥고를 치렀다. 그는 의병장 기삼연의 종손이며 의병장 고광순의 사위였다.

몇 개월 후 출옥한 기산도는 본격적으로 오적 처단에 나섰다. 그는 전 주사 김석항 등과 더불어 '오적암살단'을 조직한 뒤 1906년 2월 군부대신

이근택에게 중상을 입혔다. 이후 이완용 등 을사오적들은 밤에도 낮처럼 불을 켜 놓고 잠을 이루지 못할 정도로 불안에 떨었으며 일본군에 경호를 청하기도 하였다. 이 일로 기산도 등은 피체되어 2~3년 동안 옥살이를 했다. 그 뒤 기산도는 1920년에 상해 임시정부의 군자금 모금 운동을 주도하다가 체포되어 징역 3년 형을 언도받고 옥고를 치렀고, 혹독한 고문 끝에 불구의 몸이 되고 말았다.

그 뒤에 나인영·이기·오기호 등도 의열 활동을 펼쳤다. 이들은 한때 러일전쟁에서 일본의 승리를 기원하였으며 이를 계기로 대한제국이 완전한 독립국이 될 것이라 믿었던 인사들이었다. 하지만 그들은 일제가 선전했던 '동양평화론'이 허구였고 한국을 침략하기 위한 술수에 불과했다는 것을 깨닫고는 '매국노'를 처단하기로 하였다. 이들은 비밀결사 '자신회(自新會)'를 조직하고 1907년 2월 말 박제순·이지용 등을 처단하고자 선물로 위장한 폭발물을 배달하였으나 터지지 않아 실패하였다. 이후에도 여러 번 을사오적을 처단하고자 하였으나 성공하지 못하고 군부대신 권중현에게 상처를 입혔을 뿐이었다. 이 사건으로 체포되어 유배 생활을 하였던 나인영과 오기호 등은 민족의식을 고양하고자 대종교를 창시하여 독립운동의 정신적 원천을 제공하였다.

나인영은 을사오적 처단을 지원한 의사들에게 '격려사'와 함께 「간신을 목 베는 글」을 발표하였다.

을사의병의 봉기

을사늑약 체결 전후로 고종 황제의 밀지를 받아 의병이 일어났다. 이를

간신을 목 베는 글

이완용 - 러시아, 일본에 붙어서 조약 체결의 선두를 섰으니 꼭 죽여야 함.
권중현 - 이미 조약 체결을 인정했고 농부(農部)의 일국(一局)을 외인에게 양보했으니 꼭 죽여야 함.
이하영 - 조약 체결이 그의 손에서 나왔는데도 속으로는 옳다 하고 겉으로는 그르다 하여 백성을 속였으니 꼭 죽여야 함.
민영기 - 조약 체결이 안으로는 옳고 밖으로는 그르다 하여 전국 재정을 모두 외인에게 주어버렸으니 꼭 죽여야 함.
이지용 - 갑신년의 의정서와 을사년의 신조약이 모두 그의 손에서 나왔고 매관매직하여 나라를 망치게 했으니 꼭 죽여야 함.
박제순 - 외부대신으로 조약을 맺어 나라를 팔고 또 참정대신으로 정권을 양도했으니 꼭 죽여야 함.
이근택 - 이미 조약 체결을 허락하고 공을 세운다 하여 폐하를 위협하고 백성들에게 독을 뿌렸으니 꼭 죽여야 함.

을사의병이라 하는데 중기의병이라 일컫기도 한다. 을사의병이 가장 먼저 일어난 지역은 을미의병이 활발히 전개되었던 원주·제천·단양 등 중부 일대였다. 을미의병 때 유인석 의병진에서 활약한 원용석·박정수 등은 1905년 9월 원주 동쪽 주천에서 사람을 모아 의병대를 조직하였지만, 원주진위대와 일진회의 급습에 해체되고 말았다. 이때 정운경도 단양·제천·영춘 등지의 의병 300~400명을 규합하였으나 역시 원주진위대의 습격에 뜻을 이루지 못하였다.

을사의병 중 제일 규모가 컸던 의병진은 민종식·안병찬 등이 주축이 된 충청도 홍주의병이었다. 민종식은 이조 참판을 역임한 여흥 민씨의 명문가였다. 그는 충남 정산에 낙향해 있던 중 을사늑약이 체결되었다는 소식에 곧장 상경하여 상소를 올렸지만 별 소용이 없자 고향으로 내려와 의병을 일으켰다. 1906년 3월 충남 예산 광시장터에 수천의 의병들이 모여들면서 홍주의병이 결성되었다. 의병들은 홍주성을 공격하였지만 공주 진위대와 서울의 시위대 병력 200여 명에 밀려 패배하였다.

1906년 5월, 흩어졌던 홍주의병이 다시 결성되어 1천여 명으로 늘어났다. 홍주의병은 이전과 달리 대포 75문을 보유할 정도로 무장력을 갖춘 상태였다. 홍주의병은 기세를 몰아서 충남 서천군의 비인을 점령하고 보령 남포성에서 5일 동안 치열한 싸움을 벌여 관군과 일본군을 물리치고 마침내 홍주성을 점령하였다. 하지만 10여 일이 지난 뒤 일본군과 관권의 맹공격에 의병들이 희생 당하고 말았다. 황현이 지은『매천야록』에 "홍주 10리 안에는 밀과 보리가 모두 없어졌으니, 병마에 짓밟힌 바가 되었기 때문이다"라고 기록될 정도로 처참한 전투였다.

전북 태인에서는 전 참찬 최익현이 의병을 일으켰다. 그는 배일사상이 강한 강직한 관리였고 국가적 위기가 있을 때마다 직언하는 상소를 올렸던 인물이었다. 그는 을사늑약 체결 직후에 고종 황제로부터 밀지를 받고 거사를 계획하였다. 당시 그의 나이는 74세였다. 1906년 6월 최익현은 태인의 무성서원에 100여 명의 유림들을 모아 놓고 강회를 개최한 뒤에 의병을 일으켰다. 최익현은 태인·정읍·순창 등지를 돌며 의병을 모으고 이에 필요한 자금을 마련하였다. 그런데 최익현은 태인의병이 순창읍에 주둔하던 중에 전주·남원 진위대와 대치하게 되자, 동족끼리 죽이는 일은 못 하겠다며 의병을 해산시켜 버렸다. 그 뒤 최익현은 진위대에 붙잡혀 일본 쓰시마(對馬島)로 유배되었고, 그곳에서 "일본인이 주는 밥을 먹을 수 없다"라며 단식하다 순국하였다.

영남 지역에서는 경북 평해·영해 일대의 신돌석 의병진과 영천의 정환식·정용기 부자의 산남의진이 활약하였다. 을사의병은 대개 유학자나 관료 출신이 주도하였는데, 신돌석은 평민 출신으로 의병을 모아 1906년 4월 의병을 일으켰고, 그 뒤 산남의진과 함께 힘을 합쳐 동해안 여러 곳에서 의병운동을 펼쳤다. 한때 그 수가 3,000여 명에 달하였다. 사람들이 신돌석을 "태백산 호랑이"라고 부를 정도로 그의 의병부대는 규율이 엄하였고 유격 전술에 뛰어나 많은 전과를 올렸다. 하지만 신돌석은 1907년 12월 서울을 공격하기 위해 결성된 13도 연합의진에는 참여하지 못했다. 그가 평민 출신이라는 이유에서였다. 그 뒤 영해로 돌아온 신돌석은 독자적으로 활동하며 일본군을 격파하였지만, 1908년 11월 중순경 부하 집에 칩거하고 있다가 현상금에 눈이 먼 형제들에 의해 살해되고 말았다.

한편, 산남의진은 고종 황제의 밀지를 받은 정환직이 서울에 머무르면서 의병을 후원키로 하고, 아들인 정용기가 향리인 영천으로 내려가 의병을 일으키기로 하면서 비롯되었다. 그들은 지방에서 군세를 크게 떨친 뒤에 서울로 진공하기로 하였다. 이에 1906년 3월 정용기는 이한구·정순기·손영각 등과 뜻을 같이하여 영남 일대에서는 가장 큰 규모의 의병진을 구성하였다. 산남의진은 한때 의병장 정용기가 붙잡히는 큰 고난도 겪었지만, 청하·진보·청송 등지에서 활약하면서 의성·경주·신령 등지의 여러 의병진을 아우르며 지속적인 항쟁을 전개해 나갔다. 하지만 산남의진은 누적된 피로와 더불어 무기와 탄약이 점차 소모되어 전력이 급격히 떨어져 갔다. 이에 정환직은 부득이 일단 의병을 해산시킨 뒤에 북상하여 관동에 집결토록 했다. 그런데 정환직은 관동 쪽으로 북상하던 중에 포항 죽장면의 어느 민가에서 병 치료차 머물다가, 일본군 수비대의 급습을 받아 12월 11일 붙잡히고 말았다. 그 뒤 그는 대구를 거쳐 영천으

정환직의 절명시

몸이 간들 마음이야 변할소냐.
의가 무거우니 죽음은 오히려 가볍구나.
뒷일을 누구에게 맡길까.
새벽에 홀로 앉아 말을 잊었노라.

로 압송되던 중에 64세를 일기로 순국하고 말았다.

그 밖에 경기도에서 죽산·안성의 박석여, 양평·여주의 이범주가 의병을 일으켰으며, 강원도에서 양구의 최도환, 홍천의 박장호가 일어났으며, 공주의 이세영·김덕진, 임실의 강재천, 장성의 기우만, 광양의 백락구, 남원의 양한규, 예안의 김도현, 경주의 유시연, 영양의 김순현, 울진의 김현규 의병진 등이 큰 활약을 펼쳤다.

을사의병장은 민종식·최익현·고광순 등 명문가의 양반이나 이름난 유림, 전직 관료들 등이 대부분이었지만, 동학농민운동 당시 농민군을 진압한 공로로 관직에 오른 이족(吏族) 출신의 의병장도 있었다. 특히 신돌석과 같이 평민 의병장의 출현은 그 뒤 의병운동에 커다란 의미를 던져주기도 했다. 이렇듯 다양한 계층에서 의병장이 될 수 있었던 것은 을미의병 당시처럼 위정척사적 명분론보다는 을사늑약 체결 이후 국가와 민족을 구하려는 의지가 강하였기 때문이다. 의병에 이른바 화적이나 활빈당으로 내몰린 농민이나 포군이나 포수들도 적극 참여하였고, 이들에 의해 전

투력이 다소 향상되었다. 전국적인 규모로 확산된 을사의병은 1907년 군대해산 이후에는 해산된 군인까지 합세하여 보다 확대 발전된 구국항일전인 후기 의병으로 이어졌다.

3
통감부의 설치와 일제의 반식민통치

통감부의 설치

을사늑약 체결로 한국의 외교권이 박탈된 지 얼마 지나지 않은 1905년 11월 22일 일제는 칙령으로 '통감부 및 이사청 설치의 건'을, 12월 20일에는 '통감부 및 이사청 관제'를 공포하였다. 이를 근거로 통감부는 경성에, 이사청은 경성·인천·부산·원산·진남포·목포·마산 등지에 설치되어 한국을 통치하였다. 통감은 일본왕에 직속하되 외교는 일본 외무대신을 거쳐 일본왕으로부터 재가를 받도록 하여 최소한의 통제장치를 두었다. 하지만 통감은 감독권이 명확하지 않아 외교 업무뿐만 아니라 한국의 안녕질서를 유지할 필요가 있을 때는 조선수비군사령관에게 병력 사용을 명령할 수 있었고, 통감부령을 통해 금고 1년 이하 벌금 200원 이내의 벌칙을 부과할 수 있었다. 당시 대만 총독이 독자적인 명령제정권을 가지고 있던 것과 비슷한 권한을 가졌다. 통감은 지위나 권한에 있어서 일제강점기의 총독과 별 차이가 없었다.

일제는 통감의 권한을 좀 더 확대, 해석하였다. 당시 재청 특파대사로 북경에 있던 고무라 주타로(小村壽太郎)는 통감의 직무 권한을 협약 규정만으로 한정할 필요가 없고 종래 한국과 일본 사이에 체결한 조약 및 약속은 협약과 저촉하지 않는 한 모두 유효하다며, 통감은 외교 외에 조선과 일본 사이에 존재하는 모든 조약 및 약속을 실행할 수 있다는 유권해석을 제시하였다.

1906년 2월 일본공사관이 폐쇄되는 대신에 통감부가 설치되었고 조선주차군사령관 하세가와 요시미치(長谷川好道)가 임시통감에 취임하였다. 이와 함께 전국 주요 도시 13곳에 한국의 지방관청을 감독하는 이사청이, 11개 지방 도시에는 지청이 설치되었다. 광화문통의 대한제국 외부는 통감부 청사로 변하였고 외부는 외사국(外事局)으로 격하되어 각종 외교문서, 조약 원본, 공문서 등을 보관하는 업무만 담당하게 되었다. 한국에 상주하던 외교관들도 영국 공사를 시작으로 청·미국·독일·프랑스 등 각국 공사들이 떠나갔다. 더불어 일제는 한국 정부에 각국 공관을 폐지하고 공관원의 철수를 종용토록 하였다.

이즈음에 일본 내에서는 정치세력 변화가 있었다. 그동안 러일전쟁을 주도하며 군사적 팽창주의를 추진하던 가쓰라 내각이 이후 불어닥친 물가앙등 등 사회 혼란에 총사퇴하고, 1906년 1월 이토 히로부미 계열의 사이온지 긴모치(西園寺公望) 내각이 출범했다. 이후 한국에 대한 정책도 '자치육성 정책에 기초하여 한국을 보호국화'한다는 점진적인 방향으로 변하였다. 사이온지 총리는 '거국일치(擧國一致)하여 전후 경영의 큰 계획을 세울 시기'임을 강조하면서, 육·해군의 충실 및 산업 발달을 꾀하며 밖으로는

1907년 2월 남산에 들어선 통감부 신청사. 경술국치 이후 1926년까지 조선총독부 건물로 사용되었다. 그 후 은사기념과학관으로 바뀌었고, 해방 후에는 국립과학박물관(국립과학관)이 들어섰으나 6·25전쟁 때 파괴되었다.

출처: Wikimedia Commons

경성이사청, 1896년, 현재 충무로1가 신세계백화점 자리에 일본영사관이 신축되었다. 1906년에 경성이사청, 1910년 이후에는 경성부청으로 사용되다가 1930년에 미쓰코시(三越) 백화점이 들어섰다.

출처: 서울역사박물관 소장

일제가 만주에서 획득한 이권의 실효를 거두고 한국과의 협약에 기초하여 '보호'를 온전히 할 것을 천명했다.

이러한 정치 변화 속에서 이토 히로부미가 초대 통감에 임명되었다. 이토는 이미 네 차례나 총리대신을 역임한 인물로 일본 정계의 원로였다. 그런 그가 통감에 임명된 것은 일제가 한국을 중국 대륙침략의 전략적 발판으로 삼고자 하였기 때문이었다. 그에 대한 예우 차원에서 통감의 권한은 확대되었고 조선수비군을 '원수'의 자격으로 통솔할 수 있었다.

통감부의 반식민통치

1906년 3월 2일, 이토 히로부미가 초대 통감으로 부임하였다. 이후 통감 정치가 본격화하면서 한국의 반식민지화가 시작되었다. 통감은 '오로지 외교에 관한 사항'만을 관리한다는 명분으로 주재하였고 일본 영사가 관장하던 외교 사무로 한정되었지만, 이토는 한국의 국정 전반을 간섭하고자 했다. 이토는 한국 내 정국 주도권을 잡기 위해 통감부 산하에 경무장관(警務長官)·농상공무 총장·경무총장(警務總長)·비서관·서기관·경시(警視)·기사(技師) 등을 두어 통치 권력을 통감부에 집중시켰다. 또한 그는 기존에 활동하던 일본인 고문을 통하지 않고 자신이 직접 의사를 전달, 실행하고자 일본인 고문관들에게 통감의 지휘 감독을 받도록 했다. 그 결과 통감 일인 통치체제가 갖춰졌다. 통감 유고 시에는 한국주차사령관 하세가와 요시미치가 직무를 대행하게 되었다.

통감부로 권력을 집중시킨 이토 통감은 고종 황제에게 한국의 입법·행정 및 제반 사무 개량에 관한 계획안을 제출했다. 그는 한국의 '시정 개선'을 거론하면서 가장 우선하여 시행할 사업으로 차관 문제·보통교육 실시·지방 경찰력 확장 등을 꼽았다. 그 뒤 1906년 3월 13일 이토는 한국 정부의 각 부 대신들로 이른바 '한국시정개선에 관한 협의회'(이하 협의회)를 구성하여 정국을 주도해 나갔다. 협의회는 1909년 12월까지 모두 97차례 열렸는데 '협의'는 명목일 뿐, 이토의 일방적 의도대로 추진되었다. 회의는 이미 결정한 사항들을 대신들에게 통고, 추인하는 형식으로 진행되었다. 당시 대신들은 자신의 직책만 있을 뿐, 통감부의 시정개선책에 대해서는 아무런 권한을 행사할 수 없었다. 협의회는 한국 측 대신들과 협의하였다는 명분에 불과하였고 이토는 한국에서 '시정개선' 한다며 행정 등 각 분야에서 사실상의 통치자로서 권한을 행사하였다.

제1회 협의회를 통해 이토 통감의 '한국의 시정개선' 의도를 확인하고자 하였다. 당시 이토는 한국의 문명 개화는 내정개혁, 즉 '시정개선'을 통해서만 가능한데 한국이 문명 개화하지 못하면 열강의 침략을 받게 되어 곧 동양평화를 보장할 수 없어 일본의 안전을 보전할 수 없다는 궤변으로 통감부 통치의 당위성을 변명했다. 그러면서 이토는 '시정개선' 명목으로 한국 정부에 일본으로부터 1천만 엔의 차관을 도입하라고 강요하였다. 이렇게 해서 들여온 차관은 교육·금융·도로 및 수도 정비 등 대부분 일제의 침략을 위한 기본 시설에 투자되었다.

또한 이토는 한국인들의 저항에 대비하여 경찰기구를 강화하였는데, 이는 이미 시행되고 있던 고문 경찰제도를 대폭 확장하는 것이었다. 이로써 1906년 6월부터 서울 시내 각 경찰서와 13도 관찰부 소재지, 그 외 전국에 경무 분서·분견소·분파소 등에 일본인 경시 21명, 경부 52명, 순사 683명, 통역관보 39명을 배치하였다. 당시 한국인 경찰은 2,700여 명이었는데 일본 경찰은 고문 경찰 800여 명, 이사청 경찰 550여 명을 포함하여 1,350여 명에 달하였다. 일제는 헌병 경찰·영사 경찰·고문 경찰 등을 통해 한국을 지배해 나갔다. 헌병 경찰은 러일전쟁 중 한국주차군사령부에 설치되었는데 점차 의병을 탄압하는 데 주도적인 역할을 담당하였다. 영사 경찰은 러일전쟁 중 자국민이 한국에 이주 및 교류하면서 발생하는 일본인 범죄자의 재판권에 관여하였다. 고문 경찰들은 한국의 경찰권 전반에 직접 개입, 간섭하였다.

한국 지배력을 한층 강화하고자 통감부는 지방행정제도를 개편하였다. 1896년 2월 아관파천 당시 지방의 행정 체제는 13도 7부 1목 331군이었는데, 일제는 1906년 10월 1일을 기해 지방의 군·면을 통합, 분할하여 13도 11부(평양·부산·인천·마산·원산·목포·군산·대구·신의주·진남포·청진) 333군으로 개편하였다. 나아가 이들 행정기관을 감독한다며 일본인 참여관을 지방에 배치하였다. 관찰부에는 참서관, 서기, 주사, 통역 등의 일본인 관리를 배치하고 각 군의 향장(鄕掌)을 폐지하고 주사 1명을 두었다.

통감부는 국내 기간산업도 장악해 갔다. 체신 및 통신시설 확충, 교통 운수 시설 등의 정비와 확충은 중국 침략을 준비 중인 일제로서는 가장 긴급한 일 가운데 하나였다. 먼저 1905년 12월 일제는 한국의 우편 사무를 우편국, 우편국출장소, 우편전신수취소, 우편수취소, 전신취급소, 임시 우체소 등으로 개편했다. 당시 일본 우편국이 우편 업무와 함께 전신전화 업무도 취급한 데 따른 것이었다. 이후 일제는 통신 기관을 되도록 빨리 인수하고자 관할구역이 같은 지역 내의 한·일 양국의 우편국을 통합하였고, 1906년 12월에는 우편국출장소를 폐지했다. 이어 1907년 1월에는 주요지에 우편은 물론 전신·전화 업무까지 취급하는 우편국을, 다른 지방에는 우편 업무만을 취급하는 우편취급소를 설치했다. 그해 3월에는 통신업무만을 담당하는 우편취급소 및 우편전신취급소를 없애고 통신업무 전반을 취급하는 우편소로 대체하였다. 이처럼 일제는 전국 방방곡곡에 우체국소를 설치해 한국 내 전역에 걸친 통신망을 구축하고 국고금 출납업무까지 취급하면서 식민지의 통치 기반을 공고히 해나갔다.

1906년 6월에 일제는 경부선·경인선을 매수하고 경의선·마산선의 군용철도를 통감부 철도관리국에 강제 이관시켰다. 1909년 6월에는 철도관리국을 철도청으로 고쳤다가 그해 12월에 이를 폐지, 일본의 철도원에 소속시켰다. 이처럼 일제는 철도 이권을 모조리 빼앗아 군사적 혹은 경제적 수탈에 이용하였다. 더욱이 1911년 11월 신의주와 만주의 안동을 연결하는 압록강 교량이 완공되면서, 1905년 9월 시모노세키와 부산을 연결하는 부관연락선이 개통된 이후 6년 만에 일본과 대륙을 잇는 교통망이 완성되었다. 통감부가 치도국(治道局)을 신설하여 도로 확장 사업을 펼쳤던 것도 이와 같은 목적에서 추진되었다. 철도역이 설치된 지역과 그 주변 지역을 도로로 연결하여 철도 부설의 효과를 극대화하고자 하였다. 이에 1906년 4월 중앙에는 치도국, 각도에는 치도공사소를 설치하고 일본인 기사 4명을 고용하였다. 당시 일본흥업은행에서 유치한 1,000만 원의 차관 중에서 일부를 도로 건설에 충당하였다. 먼저 추진된 도로 건설은 영산강–목포로 연결되는 지역, 대구–경주–영일만으로 이어지는 지역, 진남포–평양–원산에 이르는 지역, 금강–군산에 이르는 지역 등 4개 구역이었다. 이는 일제의 쌀 수탈이나 철도 건설과 밀접하게 연관되어 있었다.

이뿐만 아니라 통감부는 한국의 경제도 침탈하였다. 먼저 1906년 3월

'농공은행조례'를 제정한 뒤에 서울·평양·대구·전주·진주·광주 등지에 농공은행을 설립하였다. 농공은행의 이사진은 한국인들로 구성되었으나 실무책임자는 일본인이었다. 이들은 한국에 이주한 일본인들에게 사업자금을 지원하는 데 주력하여 경제적 침투를 뒷받침해 주었다.

일제는 한국의 광산, 삼림 등 여러 이권 사업을 자신들의 손아귀에 넣었다. 먼저 광산을 살펴보면, 1906년 6월 말에 '광업법'이 공포되고, 그해 9월에 '제실광산규정'이 폐지되면서 광산의 반 이상이 일본인과 외국인에게 넘어갔다. 이때 궁내부 광산마저 빼앗겼다. 이후 일제는 남은 광산의 모든 광업 기득권을 백지화하고 신규 허가를 받도록 하여 이를 독차지하였다. 1909년 말 광산 허가 건수를 보면 한국인 48명, 일본인 246명, 미국인 7명, 기타 37명이었다.

1906년 10월 일제는 강압적으로 두만강·압록강 유역의 울창한 산림자원을 수탈하였다. 이를 관리하고자 특별기구로 영림창을 신설하였고 일본 산림업자들은 막대한 이윤을 남겼다. 당시 목재 생산 사업은 한국인을 제외한 일본인의 독점 사업이었다. 영림창에 속한 국유임야는 함경도와 평북에 걸쳐 있었는데, 보존 임야의 면적은 압록강 유역이 175만 정보, 두만강이 45만 정보로 모두 220만 정보에 달하였다.

더욱이 일제는 1908년 1월 '삼림법'을 공포하여 마을 공동 소유의 삼림까지 약탈하였다. 이는 한국의 산야를 방대한 국유림으로 만들어 일본인들에게 팔아넘기려는 의도가 숨어 있었다. 이에 따르면, 개인 임야의 경우에는 면적과 지적도를 첨부하여 3년 이내에 신고토록 하였지만, 한인들은 비싼 측량 비용에 서류를 미처 준비하지 못해 삼림을 빼앗기는 경우가 허다했다. 결국 전국의 삼림이나 임야는 대부분 일제의 수중으로 넘어갔다.

통감부는 토지도 약탈했다. 오랫동안 한국에서는 외국인의 토지 소유를 인정하지 않았을 뿐만 아니라 이를 매매할 때는 극형에 처하였다. 이에 통감부는 한국의 토지를 일본인들이 마음대로 매수할 수 있도록 법을 고쳤다. 그 결과 1907년 통계자료에 따르면 토지를 소유한 일본인은 7,745명에 달했고 총면적은 2억 3천만 평에 달하였다.

그 뒤 일제는 좀 더 효율적으로 토지를 약탈, 관리하고자 1908년 8월에 '동양척식주식회사법'을 공포하고 그해 12월에 1000만 원 자본금으로 동양척식주식회사를 설립하였다. 동양척식회사는 명목상 한일 합작회사였으나 한국 측의 참여는 명분에 불과한 것이고 실제는 영국의 동인도회사의 설립 정신을 모방한 침략의 전위적 기구였다. 동양척식회사가 설립된다는 소식에 일본인들은 대단한 관심을 보였는데, 이미 한국에 건너간 일본인이 돈 한 푼 없이도 부자가 됐다는 소문이 나돌 정도였다. 동양척식회사는 이름이 말하듯이 척지식민(拓地植民)을 표방하고 한국 내 광대한 옥토를 빼앗아 직접 지주 수익을 꾀함과 동시에 일본인 농업 이민을 통하여 토지회사로서의 이익을 챙기고자 하였다. 동양척식주식회사는 1918년에 설립한 조선식산은행과 함께 일제강점기에 우리 민족을 수탈하는 데 앞장섰다.

일제의 식민지 교육도 이 시기에 시작되었다. 통감부는 기존 소학교·중학교 학제 대신에 보통학교·고등학교로 바꿨으며 학교 수를 제한하고 수업 연한을 단축하였다. 더욱이 한국인 학교에 일본인 교사를 배치하는 등 한국인의 교육 규제를 강화하였다. 이에 맞서 계몽운동을 전개하던 당대 지식인들이 전국적으로 사립학교 건립 운동을 전개하자, 일제

을지로 2가에 있었던 일제의 경제 수탈 본거지인 동양척식주식회사

출처: 독립기념관 소장

는 1908년 9월 '사립학교령'을 공포하고 정부의 인가를 받도록 규정하여 사립학교 건립을 탄압하였다. 그 결과 4,000~5,000개 교에까지 이르던 사립학교는 1910년 7월까지 2,250개 교만이 인가되었다.

1909년 4월에는 '지방비법'을 공포하여 연초세·도장세·시장세 등 새로운 세금 항목을 추가하여 지방민들의 심한 반발을 샀다. 특히 시장세는 한국의 전통적인 상업체계를 뒤엎고 상권을 장악하려는 속셈에서 비롯하였다. 한국에 정착한 일본 상인들은 1909년 당시 1,700여 호에 달하였는데, 이들에 의해 상권이 장악되면서 각종 세금에 한국 상인들은 고사 위기에 직면하였다.

II

정미조약 체결과
일본인 차관정치

1
고종 황제 퇴위와 정미조약

제2차 만국평화회의와 헤이그특사 파견

 1906년 2월에 들어서면서 같은 해 8월 러시아에서 제2차 만국평화회의가 개최될 것이라는 얘기가 심심찮게 흘러나왔다. 러시아는 러일전쟁이 일단락되자, 제2차 만국평화회의를 통해 제1차 만국평화회의 때 성사시키지 못했던 군비 확장 문제를 매듭짓고자 하였다. 제1차 만국평화회의는 러시아 황제 니콜라이 2세가 "세계 만국이 전쟁으로 인한 재앙에서 보호받으려면, 군비 확장을 제한해야 한다"라며 평화회의를 제안하면서 비롯되었다. 이에 26개국이 참가한 가운데 네덜란드 헤이그에서 1899년 5월 제1차 만국평화회의가 열렸다. 그 결과 만국평화회의의 주목적이었던 군비 축소는 실현하지 못했지만, '국제분쟁의 평화적 해결에 관한 조약'이 채택되었고 상설 중재재판소가 설치되었다. 이외에도 교전 상태의 조건 및 육전(陸戰)과 해전(海戰)에 관한 여러 협정과 질식가스·덤덤탄 등의 사용 금지, 기구로부터의 투사물이나 폭탄 투하 금지 등도 채택되었다. 하지만 이는 러일전쟁으로 말미암아 흐지부지되고 말았다.

1906년 4월, 니콜라이 2세는 극비리에 고종 황제 앞으로 그해 8월에 개최 예정인 제2차 만국평화회의 초청장을 보내왔다. 러시아는 러일전쟁에서 패배한 후 포츠머스 강화조약을 체결하여 일제에 한국의 우월

니콜라이 2세(1868~1918)
출처: Wikimedia Commons

권을 승인하였지만, 일제에 의해 강요된 을사늑약이나 보호권을 인정하지 않고 있었다. 이러한 러시아의 입장을 잘 알고 있던 고종 황제는 을사늑약의 부당성을 국제 여론에 호소하고 이를 중재재판소에 제소하면 빼앗긴 주권을 회복할 수 있을 것이라 기대하였다.

고종 황제는 중국 상하이에 망명해 있던 이용익에게 급히 연락하여 제2차 만국평화회의에 특사 자격으로 참석할 것을 지시하였다. 이용익은 1904년 8월 한일의정서가 체결될 당시 이를 반대하였다가 일본에 납치되었는데 러일전쟁이 끝난 뒤에서야 풀려나 귀국하였다. 이후 그는 친일파 일진회의 극심한 견제를 받았지만, 보성사(普成社) 인쇄소를 차리고 보성학원(普成學院: 지금의 고려대학교, 보성중·고등학교)을 설립하였다.

그는 1905년 8월 미국에서 포츠머스 강화회의가 열리던 때, 육군부장

이용익(1854~1907)
출처: Wikimedia Commons

이상설(1870~1917)
출처: 독립기념관 소장

의 직명으로 고종 황제의 밀명을 받고 프랑스·러시아와 제휴를 꾀하고자 인천항을 떠나 프랑스로 가던 중 풍랑을 만나 중국 산둥성 옌타이(煙臺)에 기항하였다. 이때 이용익은 그곳의 일본 영사에게 발각되는 바람에 모든 권한을 박탈당하고 말았다. 이후 그는 1905년 11월 러시아 상트페테르부르크에 가서 주러 대사 이범진을 통해 러시아 외상 람스도르프(Lamsdorff, V.)를 만나 돌파구를 마련하고자 하였지만, 이미 포츠머스 강화조약과 을사늑약이 체결되었기 때문에 아무 소용이 없었다. 그 뒤 상하이로 건너가 있던 중에 고종 황제로부터 특사 파견 명령을 받은 것이다.

　고종 황제의 명령을 받은 이용익은 러일전쟁이 발발하자 한국을 떠나 상하이에 머물고 있던 전 주한 러시아 공사 파블로프를 찾았다. 둘은 러일전쟁 이전부터 한국의 중립화를 위해 서로 이해를 같이했으나, 이용익은 일본으로 강제 압송되었고 파블로프는 상하이로 강제 추방되어 둘은 헤어지게 되었다. 이용익은 파블로프와 제2차 만국평화회의에 관한 의견을 나눈 뒤 블라디보스토크로 건너가 그곳에서 고종 황제가 보낸 이상설을 기다렸다.

고종 황제는 이용익을 특사로 임명한 뒤에 의정부 참찬을 지낸 이상설을 별입시로 만나 특사 자금을 건네며 이용익과 함께 만국평화회의에 참석하도록 하였다. 이상설은 오랫동안 고종 황제를 보필하였던 인물이다. 그는 1904년 일본인의 전국 황무지개척권 요구에 이준 등과 더불어 적극적으로 반대운동을 전개하였다. 을사늑약 체결 당시에는 을사오적 처단을 주장하였지만, 끝내 이를 막지 못하자 사직하고 국권회복운동을 전개하던 차에 고종 황제로부터 특사로 임명받은 것이다.

이상설은 1906년 5월경 이동녕·정순만 등과 함께 인천에서 중국 상선을 이용하여 상해로 건너갔고, 그곳에서 파블로프를 만난 뒤에 육로를 이용하여 블라디보스토크로 향하였다. 며칠이 걸려 블라디보스토크에 도착한 이상설은 이용익을 만났지만, 안타깝게도 제2차 만국평화회의가 독일·오스트리아의 참가 거부로 취소되는 바람에 특사 파견은 무산되고 말았다.

이용익은 블라디보스토크에 머물기로 하고, 이상설은 한인들이 많이 이주, 정착하여 사는 연길현 용정촌으로 들어갔다. 이때 이상설은 천주교 회장 최병익의 집을 사들여 학교 건물로 개수하여 서전서숙을 설립하였다. 이상설 자신이 숙장을 맡고 이동녕과 정순만이 실질적으로 서전서숙을 운영하였다. 이상설은 교원 봉급, 교재, 지필묵 등의 경비는 전부 부담하였을 뿐만 아니라 이동녕 등과 함께 역사·지리·국제법·정치학 등을 가르쳤다. 이는 고종 황제로부터 받은 특사 자금이 있었기에 가능했다.

또한, 고종 황제는 제2차 만국평화회의의 개최에 즈음하여 1906년 6월 헐버트에게 위임장을 건네며 9개국 원수들에게 친서를 전달토록 하였고, 네덜란드 헤이그의 중재재판소에 공정한 재판을 요청하도록 하였다. 고종 황제는 을사늑약이 강제로 이뤄졌다는 점을 세계 열강에 알려 도움을 청하는 한편, 강제로 체결된 조약은 만국공법을 위배한 것으로 당연히 무효이기 때문에 이를 중재재판소에 제소하면 국권을 되찾을 수 있을 것이라 판단하였다.

그 뒤 1907년 1월경 전 러시아 공사 이범진으로부터 제2차 만국평화회의가 개최될 것이라는 소식이 전해졌다. 러시아 황제가 재외 러시아 외교관들에게 만국평화회의 개최가 가능한 날짜를 파악하도록 지시한 것이다. 이에 고종 황제는 블라디보스토크에 머물고 있던 이용익에게 밀명을 내려 유럽으로 떠날 것을 지시하였다. 그런데 이용익이 이상설과 파블로프와 서로 만나 특사 파견 문제를 논의하던 중, 1907년 2월 돌연사하는 바람에 계획은 차질을 빚게 되었다.

한편, 1907년 3월경 제2차 만국평화회의 개최 소식이 『대한매일신보』 총무 양기탁에 의해 국내에 알려졌다. 그는 상동청년회에도 이런 사실을 알렸다. 상동청년회는 을사늑약 반대운동에 적극적으로 나섰던 단체였다. 상동청년회는 일제에 의해 해산되었지만, 회원들은 여전히 상동교회 담임목사 전덕기를 중심으로 비밀리에 서로 접촉하고 있었다. 1907년 2월 안창호가 미국에서 귀국한 이후에 상동청년회 회원들은 비밀스럽게 움직였다.

그러던 차에 만국평화회의 개최 소식을 접한 전덕기 목사를 비롯한 이회영·이동휘·이갑·안창호·이승훈·이준·김구 등은 대책 마련에 골몰하였다. 이들은 만국평화회의에 고종 황제의 특사를 파견하여 을사늑약의 부당성을 알려 이를 무효화시키기로 뜻을 모았다. 특사로 용정의 이상설, 전 러시아 공사관 참서관 이위종과 국내 인사로는 이준을 보내기로 합의하였다.

제2차 만국평화회의 개최일이 얼마 남지 않아 이를 서둘렀다. 하지만 통감부가 1906년 7월 '궁금령'을 내려 고종 황제를 알현하는 것 자체가 차단되었다. 시종무관이나 궁중 일을 맡은 자들은 얼마쯤 자유롭게 궁궐을 드나들었지만, 그 외 사람들은 각 관아 장관이 발급한 문표를 제시해야만 했다. 그런데 문표 발급은 극히 제한적으로 이뤄졌다. 그렇다고 포기할 수 없었던 이준은 시종원경 이도재나 중추원 의장 서정순 등을 찾아 도움을 청하였고, 그 뒤 침전나인 김 상궁의 안내를 받아 어렵게 고종 황제를 중명전에서 알현하였다. 중명전은 1900년 1월 경운궁 별채로 건립되어 외교사절단 접견이나 연회장으로 사용되던 곳이었다. 그런데 1904년 경운궁 화재로 궁궐이 불탄 이후 고종 황제는 중명전으로 거처를 옮겼고, 1919년 승하할 때까지 그곳에 머물렀다.

이준은 고종 황제에게 제2차 만국평화회의에 참석하여 을사늑약의 부당성을 폭로할 것이라며 이상설과 이위종을 비롯하여 자신을 특사로 파견해 줄 것을 주청하였다. 아울러 이준은 미국 대통령, 러시아·독일·오스트리아 황제 등에게 보낼 친서와 평화회의에 가지고 갈 친서도 요청하였다. 고종 황제는 이용익의 갑작스러운 죽음으로 수포가 된 특사 파견을 재기할 수 있게 되자 이준의 요청을 쾌히 수락하여 이들을 특사로 임명하였다.

이준은 고종 황제로부터 특사로 임명되었지만, 신임장과 다른 나라에 보낼 친서 등을 고종 황제에게 건네받는 것이 문제였다. 이에 대해서는 자세히 알려진 바 없지만, 고종 황제의 측근이었던 헐버트가 가지고 나왔다는 설과 전덕기 목사의 친척인 김 상궁에 의해 전달되었다는 두 가지 얘기가 전한다. 어떠한 경로를 통해서였든지 간에 고종 황제가 작성한 돈유문·신임장·친서 등이 이준에게 전달되었다. 고종 황제의 수결과 황제어새가 찍힌 위임장 내용을 살펴보면 다음과 같다.

대한제국 특파위원 전 의정부 참찬 이상설, 전 평리원 검사 이준, 전 주러공사관 참서관 이위종 위임장

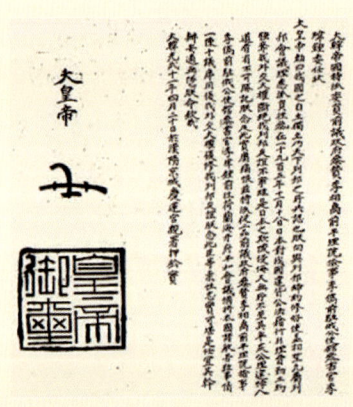

고종 황제가 이준에게 건네 준 신임장
출처: 문화재청 소장

대황제는 칙하여 가로되 우리나라의 자주독립은 천하 열방에 공인하는 바라. 짐이 지난번에 여러나라와 더불어 조약을 체결하고 서로 수호하기로 하였으니 무릇 만국회의가 열리는 곳에 사람을 보내 참석토록 하는 것이 응당한 도리이나, 1905년 11월 18일 일본이 우리나라에 대하여 공법을 위배하며 비리를 자행하고 협박하여 조약을 체결하고 우리의 외교 대권을 강탈하여 우리의 열방 우의를 단절케 하였다. 일본의 사기와 능욕과 업신여김이 끝이 없을 뿐더러 공리에 어그러진 것이 되고 인도에 위배되는 것 또한 다 기록할 수 없다. 짐의 생각이 이에 미쳐 참으로 통한을 느끼는 바이다. 이에 종2품 전 의정부 참찬 이상설, 전 평리원 검사 이준, 전 주러공사관 참서관 이위종을 파견하여 네덜란드 헤이그 평화회의에서 본국의 제반

> 힘든 사정을 알리기 위해 회의에 참석토록 하여 우리의 외교권을 다시 찾게 하며 우리의 열방과의 우의를 다시 찾도록 하노라. 짐이 생각건대 신들이 본디 성품이 충실하여 이 임무에 과감하게 나서 마땅히 주어진 임무를 온당하게 이룰 줄로 안다.
> 대한광무 11년 4월 20일 한양 경성 경운궁에서 친서압하고 보(寶)를 영(鈐)하노라.

준비하느라 예정일보다 이틀 늦은 1907년 4월 22일 이준은 의관 나유석과 함께 경부선 열차를 이용하여 남대문역을 출발하여 부산에 도착하였다. 이곳에서 하룻밤을 지내고 다음 날 블라디보스토크로 떠나는 선박에 몸을 실어 18일 만인 5월 9일에 도착하였다. 이때 블라디보스토크의 일본인 경무 고문이 이준 일행의 입항을 파악했지만, 구체적인 목적까지는 알 리 없었다. 이준은 도착 즉시 용정의 이상설에게 급히 전보를 띄웠고, 이상설은 훈춘에 학교를 세우러 간다는 말을 남기고는 이동녕·정순만 등과 함께 급히 블라디보스토크로 떠났다. 그 뒤 서전서숙은 재정난과 통감부 파출소의 감시와 방해로 결국 문을 닫고 말았다.

블라디보스토크에서 만난 이상설과 이준은 특사 파견 문제를 논의하고 그곳 한인들로부터 의연금을 받기도 하였다. 정순만은 미국의 박용만과 이승만에게 특사들을 도울 영어 능통자를 보내 줄 것을 요청하였지만, 박용만만 적극적으로 돕겠다고 전해 왔다. 준비를 마친 이상설과 이준은 5월 21일 블라디보스토크에서 시베리아 횡단 열차에 올랐다.

1907년 6월 4일, 이상설과 이준은 9,300킬로미터를 보름 동안 달려 러시아 수도 상트페테르부르크에 도착하였다. 이들은 곧장 전 러시아 공사

헤이그 만국평화의 특사들의 이동 경로

러시아
이위종 합류 (6월 4일 도착)
이상설 합류 (4월 26일 도착, 5월 21일 시베리아 횡단 열차 편으로 출발)
상트페테르부르크
모스크바
옴스크
노보시비르스크
이르쿠츠크
몽골
하얼빈
블라디보스토크
베를린 (6월 19일 도착)
헤이그 (6월 25일 도착)
흑해
카스피해
중국
서울
부산 (이준, 4월 23일 배 타고 부산 출발)
이준 (1907년 4월 22일 열차로 부산 향해 출발)

이범진을 찾았고 그의 아들 이위종을 만나 고종 황제의 친서와 신임장을 보이며 그들이 만국평화회의에 특사로 파견된 뜻을 전한 뒤에 대책을 논의하였다. 이들은 주한러시아공사를 지낸 베베르(K. I. Weber)와 상하이에서 귀국한 파블로프 등의 주선으로 니콜라이 2세와 외무대신을 만나 고종 황제의 친서를 전달하였다. 러시아 황제는 특사들을 위로하며 힘껏 돕겠다고 언약하였다. 특사들은 보름 동안 머물면서 이위종의 도움으로 「장서」와 공고사를 프랑스어로 번역하는 등 만국평화회의에 참석하는 데 차질이 없도록 준비하였다. 하지만 러시아의 외무부로부터 만국평화회의 참석이 어렵다는 연락을 받고는 망연자실하였다. 그렇다고 포기할 수 없었던 특사들은 행장을 꾸려 네덜란드 헤이그로 향했다. 가는 길에 독일 베를린에서 「장서」를 인쇄한 뒤에 6월 25일에 헤이그에 도착하였다. 이미 45개국 247명이 모인 가운데 만국평화회의가 개최된 지 10여 일이 지난 뒤였다.

이준 특사 일행이 묵었던 융 호텔
출처: 이준열사기념관 소장

이준열사기념관으로 바뀐 현재 모습
출처: 독립기념관 소장

특사들은 서둘러 헤이그 시내의 바겐 슈트라트가 124번지 융 호텔에 숙소를 정하고는 호텔 옥상에 태극기를 내걸고 공개적으로 활동에 나섰다. 이들이 한국 대표로 만국평화회의에 참석하고자 갖은 애를 다 썼지만, 일제의 방해로 끝내 본회의에 참석하는 것을 거절당했다. 이에 낙심한 특사들은 국제 여론을 통해 일본의 침략 실상과 한국의 요구 사항을 각국 대표들에게 알리고자 하였다. 이 소식을 접한 각국 기자들은 특사들의 안타까운 사정을 접하고는 그들의 활동을 연일 보도하는 등 큰 관심을 보였다. 특히 영국 언론인으로 국제협회 회장을 맡고 있던 윌리엄 스테드의 후원으로 1907년 6월 30일 자 『만국평화회의보』에 「무슨 이유로 한국을 제외하였는가」라는 논설이 게재되었고, 7월 5일 자에는 성명

헤이그특사들의 활동과 세 명의 특사 사진을 게재한 1907년 7월 5일 자 『만국평화회의보』

『인디펜던트』 8월호에 실린 이위종의 연설문

서 전문이 실리기도 했다. 이후 특사들의 활동은 각국 신문 기자단의 마음을 움직였고 기자단의 국제협회에 초청되었다. 이 자리에서 이위종은 유창한 프랑스어로 '한국의 호소(A Plea for Korea)'라는 주제로 열변을 토하여 기자들에게 감동을 줬다. 여기에 참석한 기자들은 한국의 입장을 동정하는 결의안을 만장의 박수로 의결하였다. 이위종의 연설문은 『인디펜던트(The Independent)』 8월호에 영문 요약으로 게재되었다.

그런데도 회의장에 들어가지 못하자, 1907년 7월 14일 이준은 나라를 구할 수 없게 되었다는 자책감에 울분을 참지 못하여 분사하고 말았다. 이는 즉각 국내에 알려졌고 여러 신문은 만국평화회의 소식과 함께 이준의 순국 소식을 전하였다. 당시 국내에는 이준이 '할복 자살하였다'라고 보도되었고 민족운동계에 큰 반향을 불러일으켰다. 이상설과 이위종은 이준의 장례를 치른 뒤에 미국으로 떠나갔다.

고종 황제의 퇴위와 일반 시민들의 저항

이토 통감은 1906년 11월 일본에 귀국한 지 4개월 만인 1907년 3월 한국에 돌아왔다. 그동안 한국 내에서는 대한자강회·서북학회 등 계몽운동 단체와 『황성신문』·『대한매일신보』 등의 언론이 연일 친일 내각을 성토하였다. 1907년 2월 대구에서는 서상돈·김광제 등이 국채보상운동을 전개하였으며, 나인영·오기호 등 오적암살단은 을사오적 대신들을 노상에서 습격하기도 하였다. 이렇듯 한국인들의 일제에 대한 반발이 거세질수록 친일파들은 궁지로 내몰렸다.

이러한 때에 귀국한 이토는 한국 내의 반일운동을 잠재우고자 즉시 1907년 4월 9일 제14회 협의회를 열고, "만일 러시아와의 전쟁에서 일본이 패배했다면 틀림없이 만주 및 한국은 러시아의 영토가 되었을 것이다. 하지만 일본은 전쟁에서 승리했음에도 불구하고 즉시 한국을 병합하지 않았다. 그런데도 오늘날과 같이 불온하다면 한국은 끝내 스스로 멸망하고 말 것이다. 반란을 일으키면 일본군을 동원해서 반일운동을 차단하겠다"라며 엄포를 놓았다.

그러면서 이토는 친일 체제를 강화하고자 고종 황제의 반대에도 불구하고 1907년 5월 22일 이완용 내각을 출범시켰다. 당시 이완용은 첫째, 시무를 통하여 '한일제휴(韓日提携)'를 현실적으로 인정하고, 둘째, 시정개선에 열심히 할 것, 셋째, 어떤 곤란한 상황에서도 그러한 목적을 달성할 때까지는 중도에 그만두지 않을 것이라는 포부를 밝히고는 친일파들로 내각을 구성하였다.

1907년 5월 30일 이완용 내각이 출범한 이후 이토는 정치개선, 교육보급, 식산흥업 등에 역점을 둘 것을 지시하는 한편, 개별적으로 황제를 만나거나 궁에 상주하지 못하도록 하였다. 다만, 부득이 황제를 알현할 때는 반드시 참정대신과 동행하도록 하였으며, 황제가 개별적으로 소견(召見)할지라도 이를 거부하여 황제를 정치 권력으로부터 소외시키려 하였다. 그 뒤 의정부 관제는 일본처럼 내각제로 고쳐졌고 각 부의 협판은 차관으로, 참서관은 서기관 등으로 바뀌었다. 이어 이완용은 탁지부대신에 고영희, 법부대신에 조중응 등을 등용하고 대신들과 재야 단체의 반발에도 이토가 추천한 일진회장 송병준을 농상공부대신에 임명하며 모든 인선을 마무리했다. 이로써 총리대신은 행정부 수반으로서 내부·탁지부·군부·법부·학부·농상공부 등 각 부를 통할하고, 필요한 경우 각령(閣令)을 발포하거나 각 부의 처분 또는 명령을 중지시키는 칙재(勅裁)를 요구할 수 있게 되었다.

고종 황제의 퇴위를 강요하며 남산에서 위협 포사격을 하는 일본군

뒤늦게 헤이그특사의 정보를 접한 이토는 즉시 입궐하여 고종 황제에게 책임을 추궁하면서, "그와 같은 음험한 수단으로 일본의 보호권을 거부하기보다는 차라리 일본에 선전 포고하라"며 윽박질렀다. 이완용은 어전회의를 열고 대책을 협의하였다. 이 자리에서 농상공부대신 송병준은 "이번 일은 폐하에게 책임이 있으니 도쿄에 가서 사죄하든지, 대한문 앞에 나아가 일본군 사령관에게 면박의 예를 갖추십시오. 그렇지 않으면 일본에 대해 선전 포고하십시오"라는 폭언을 서슴지 않았다.

이런 즈음에 일제는 이토 통감의 제안을 받아들여 이를 기회로 고종 황제를 퇴위시키고 일본 외무대신을 파견하기로 하였다. 사이온지 내각 총리는 "제국 정부는 지금의 기회를 잃지 말고 한국 내정에 관한 전권을 장악할 것을 희망하고 그 실행에 관해서는 실시의 정황을 참작할 필요가 있으므로 이를 통감에게 일임한다"라는 내용을 담은 극비 문서 '대한처리요강안'을 내려보냈다. 이는 대략 다음과 같다.

> 제1안: 한국 황제로 하여금 대권에 속하는 내치 정무의 실행을 통감에게 위임시킬 것.
> 제2안: 한국 정부로 하여금 내정에 관한 중요한 사항을 모두 통감의 동의를 얻어 이를 시행하고 또 시정개선에 관해서는 통감의 지도를 받아야 할 것을 약속받을 것.
> 제3안: 군부대신·탁지부대신은 일본인으로 하여금 이에 임명토록 할 것.

별지 2의 요강에서는 한국 황제로 하여금 황태자에게 양위하게 할 것,

장래의 화근을 단절시키는 데 이 수단을 취함이 불가피함. 단, 본건의 실행은 한국 정부가 실행함이 가장 좋은 방법이고, 국왕 및 정부는 통감의 부서 없이는 정무를 실행하지 못하도록 하며 주요부서는 일본 정부에서 파견된 관리가 대신하거나 혹은 차관의 직무를 실행할 것 등을 제시하였다.

대한처리요강안과 관련한 정보가 국내에 전해지면서 국내 정계는 술렁였다. 고종 황제는 궁여지책으로 일본에 망명하였다가 귀국한 박영효를 궁내부대신에 앉혀 사태를 수습하도록 하였지만 여의치 않았다. 이토 통감의 계속되는 퇴위 종용, 이완용 내각의 강요, 일본군의 무력시위에 고종 황제는 끝내 무릎을 꿇고, 1907년 7월 19일 새벽 '이후 군국의 대사를 황태자로 하여금 대리케 한다'라는 조칙을 내렸다.

양위에 분개해 있던 서울 시민들은 일제의 불법적 처사를 규탄하는 운동을 전개하였다. 일본군이 삼엄한 경계를 폈지만, 아랑곳하지 않았다. 1907년 6월 한일 양국의 친선을 도모하기 위해 조직된 동우회(同友會) 회원 1,000여 명은 특별회의를 열고 일본의 침략 기도를 저지하는 민중운동을 계획하고 종로 일대로 몰려갔다. 이에 많은 서울 시민들이 운집한 가운데 윤이병 회장은 구국투쟁의 연설을 하고 군중들과 함께 대한문 앞에 가서 양위 반대를 외쳤다.

수많은 일본인 순사들과 군인들이 시위 군중을 포위하고 삼엄한 경비를 폈지만, 군중들은 더욱 몰려들어 밤 12시경에는 2만여 명에 달하였다. 이들은 '결사회(決死會)'를 조직하고 고종 황제의 '도일사죄(渡日謝罪: 일본에 건너가 사죄하는 것)'를 적극적으로 저지하기로 하였다. 또 이들은 서울 시민대표를 뽑아 7명의 대신에게 보내 진상을 규명하고자 했으나 일본 경찰에 저

기관총 등 무장 병력의 엄중한 호위 아래 황제 양위식에 참석하기 위해 경운궁으로 향하는 이토 통감(1907.7.20.)

출처: 프랑스 『일뤼스트라시옹』

지당했다. 또한 고종 황제에게 만인소를 올려 어떠한 일본의 협박에도 굽히지 말 것을 간청하고자 했지만 이마저도 일본 경찰에 의해 뜻을 이루지 못했다.

다음 날 1907년 7월 19일 양위 조칙이 공포되면서 시민들의 저항은 더욱 거세졌다. 성난 일부 시민들은 관청에 돌을 던졌다. 동우회는 국권 수호의 결의를 다지고 국민결사회를 조직하여 일본 침략자들을 규탄하고 내각 대신의 매국 행위를 성토하였다. 격분한 시민들 중 일부는 일본 경찰과 충돌하여 사상자가 발생하였다. 특히 시위 보병 제1연대 제3대대 군인들은 무기를 들고 병영을 탈출하여 종로파출소를 파괴하는가 하면, 일본 경찰에 총격을 가하여 30여 명의 사상자를 냈다. 이어 제2대대의 한국군 여러 명이 경무청에 발포하기도 하였다. 이러한 저항은 밤늦게까지 이어졌다. 서울 시민들은 밤 11시경 일진회 기관지 『국민신보』사로 몰려가 사옥과 인쇄시설 등을 파괴하거나 사원들을 응징하였다. 다른 시민들은 경운궁 대한문 앞으로 달려가 황제에게 양위 거부와 망국적 내각 대신 처형을 외치기도 하였다.

7월 20일에는 대한자강회·동우회·대한구락부·국민교육회·기독청년회·서북학회 등 계몽운동 단체도 이에 합세하였다. 회원들과 일반 시민 수만 명은 대한문 앞에 있던 황궁우 옆에 세워진 석고단에 모여 결사회를 조직하고, 서소문 밖 약현으로 몰려가 이완용의 집을 방화, 소각하

이탈리아 잡지 『라 트리부나 일루스트라타』 1907년 8월 4일 자 표지에 실린 순종 황제 즉위식 장면

었으며 돌아오는 길에 인근에 있던 순사파출소도 파괴하였다. 상황이 시가전을 방불케 하자 내각 대신들은 신변안전을 위해 긴급히 일제 경찰에 보호를 요청하였다. 같은 날 평양의 상인들은 철시하였고 많은 시민은 성내에 모여 시국 연설을 하는가 하면 이를 저지하는 일제 경찰과 투석전을 벌였다.

이러한 한국인들의 저항에도 불구하고 이토는 양위 조칙을 근거로 7월 20일 경운궁 중화전에서 황제 양위식을 거행하였다. 이때 순종 황제가 불참하자 일제는 내시를 대리인으로 삼아 옥좌에 앉혀 놓고 양위식을 치렀다. 고종 황제가 황태자에게 '대리'케 한다는 뜻에서 '섭정을 승인한다'는 조칙을 공표하였지만, 일제는 이를 '퇴위'라 우겨 양위를 몰아붙인 것이다.

7월 21일 양위식 이후, 일제 경찰과 헌병들은 서울 곳곳에 기관총을 설치하고 순찰과 경계를 강화하는 한편 한국인끼리의 회합을 차단하는 데 부심하였다. 이때 이토는 양위에 협조하지 않은 궁내부대신 박영효, 대종원경 이도재, 전 홍문관학사 남정철 등을 포박하였고, 치안 책임을 물어 한성부윤, 경무사, 육군참장, 육군보병참령 육군보병정위 등을 면직시켰다.

이렇듯 일제의 무력 탄압에도 서울시민들의 투쟁은 계속되었다. 그날 밤 동소문 밖과 용산에 있던 이지용과 이근택의 별장 그리고 이근호의 산장이 불탔다. 이에 이토 통감은 일본 본국에 혼성 1개 여단의 파병을 요청하였고, 시위에 동참하는 시민과 대신들을 체포하고 언론 항쟁 등을 막고자 1907년 7월 '보안법'과 '신문지법'을 공포하였다.

보안법의 핵심 내용을 살펴보면 다음과 같다.

① 내부대신은 사회의 안녕질서를 유지하기 위해 필요한 경우 결사의

해산을 명할 수 있다.

② 경찰관은 사회의 안녕질서를 유지하기 위해 필요한 경우 집회 또는 다중(多衆)의 운동 혹은 군집(群集)을 제한, 금지 또는 해산할 수 있으며, 흉기와 폭발물 기타 위험한 물건의 휴대를 금지할 수 있다.

③ 경찰관은 도로나 기타 공개된 장소에서 문서 또는 도면과 그림을 게시하거나 배포, 발표하여 사회의 안녕질서를 문란하게 할 우려가 있을 때는 이를 금지할 수 있다.

④ 내부대신은 정치적으로 불온한 행동을 하는 자에 대해 그 거주지에서의 퇴거를 명할 수 있고, 동시에 특정 장소에 일정 기간 출입을 금지시킬 수 있다. 이를 위반할 때는 태형 40대 이상, 또는 10개월 이하의 금옥(禁獄)에 처한다.

순종 황제 즉위식 기념 엽서. 왼쪽에 순종 황제와 태극기를, 오른쪽에 고종 황제와 일장기를 배치했다.

출처: 부산시립박물관 소장

⑤ 정치에 관하여 불온한 말이나 행동을 하고, 타인을 선동 또는 교사하고 치안을 방해하는 자에 대해서는 태형 50대 이상, 또는 10개월 이하의 금옥, 2년 이하의 징역에 처할 수 있다.

신문지법은 신문을 창간할 때에는 내부대신의 허가를 받고 보증금을 납부토록 하는 법인데, 이는 이전부터 실시되던 것을 법규화한 것에 불과했다. 그보다는 발행 정지·벌금형·체형 및 기기를 몰수 등이 추가되면서 법이 강화되었다. 또한 신문을 발행하기에 앞서 내부나 그 관할 관청에 각 2부를 납부토록 하여 사전검열을 완전히 제도화하였다. 이로써 일제는 국내에서 발행되던 대다수의 신문을 규제할 수 있었다. 하지만 당시 가장 적극적으로 반일 논조를 보였던 『대한매일신보』는 발행인이 영국인 베델이었기 때문에 이 법을 적용할 수 없자, 일제는 1908년 4월 20일 법을 개정하여 외국에서 발행하는 한국어 신문과 외국인이 국내에서 발행하는 외국어 신문에까지 이 법을 적용하였다.

이후 일제는 법을 내세워 항일운동을 하는 인물과 단체를 합법적으로 탄압하였는데, 이를 근거로 동우회의 강태현·송영근 등 30여 명이 체포되었다. 이런 가운데 양위반대운동은 점차 힘을 잃어갔다. 그해 1907년 8월 2일 '융희'로 연호가 바뀌었고, 8월 28일 경운궁에서 순종 황제 즉위식이 거행되었다.

정미조약과 군대해산

이토 통감은 헤이그특사 파견을 을사늑약에 대한 위반으로 간주하고 이를 개정하여 한국을 보다 더 철저히 지배해야 한다는 의견을 일본 정부에 올렸다. 이에 일본 정부는 "제국 정부는 오늘의 이 기회를 놓치지 말고 한국 내정에 관한 전권(全權)을 장악할 것을 희망한다"라며, 이에 필요한 조치 권한을 통감에게 일임하였다. 이러한 체제는 "한국 황제의 조칙이 아니라 양국 간의 협약으로 만들어져야 한다"며 이를 위해 곧 외무대신이 한국을 방문할 것이라는 답문을 보냈다. 이때 전문 3개조를 첨부하였는데, 제2요강 안에 한국 황제의 양위문제와 한국의 법령 제정에 대한 통감 부서(副署: 황제의 서명에 부가하여 보필자가 서명하는 일) 문제가 언급되었다. 이에 고종 황제의 양위가 이뤄졌고 통감의 부서는 '한일협약'에 규정되었다.

그 뒤 이토는 고종 황제의 양위에 참석하기 위해 내한한 외무대신 하야시와 함께 한국 정부에 압력을 가하였다. 그 결과 고종 황제가 양위한 지 5일이 지난 7월 24일에 '한일협약(일명 정미조약)'이 체결되었다.

'한일협약'은 을사늑약과 달리 조약 이름이 붙여졌지만, 여전히 협정 대표의 위임장이나 협정문에 대한 황제의 비준서는 없었다. 단지 대한제국 내각총리대신 이완용과 통감 이토가 서명하고 날인한 협정서에 불과하였다. 한국 측은 양위 문제로 폭풍 정국이었으므로 고종 황제, 황태자 어느 쪽도 전권위원 임명과 이에 대한 위임장 발부를 논의할 경황이 아니었다. 비준은 말할 것도 없었다.

특히 제2조는 "한국 정부의 법령 제정 및 중요한 행정상의 처분"을 미리 승인하도록 규정하였다. 이에 일제로서는 한국 황제의 결재용 어새를 미리 확보해야만 했다. 실제 일제는 고종 황제를 퇴위시킬 때 어새를 탈취하였다. 당시 어새·국새 등은 궁내부 대신관방 소속 내대신(內大臣)이 관장하였다. 고종 황제의 강제퇴위를 반대하던 내대신 이도재가 일제에 의해 체포당한 것은 이와 관련이 있다. 이후 일제는 궁내부 관제에서 '내대

한일협약

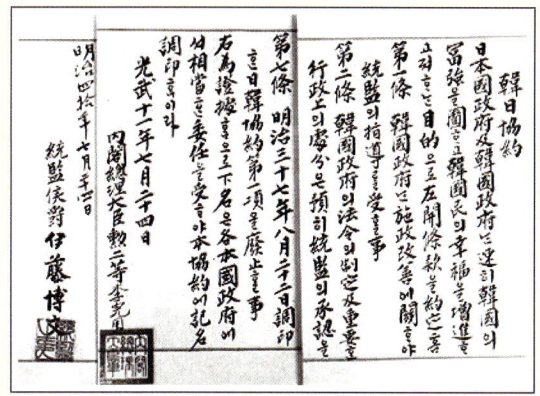

총리대신 이완용과 통감 이토가 체결한 '한일협약'

출처: 서울대학교 규장각 한국학연구원 소장

일본국 정부 및 한국 정부는 속히 한국의 부강을 도모하고 한국민의 행복을 증진하고자 하는 목적으로 좌개 조관을 결정함.
제1조 한국 정부는 시정개선에 관하여 통감의 지도를 받을 사
제2조 한국 정부의 법령의 제정 및 중요한 행정상의 처분은 미리 통감의 승인을 거칠 사
제3조 한국의 사법사무는 보통행정사무와 이를 구별할 사
제4조 한국고등관리의 임면은 통감의 동의로써 이를 행할 사
제5조 한국 정부는 통감이 추천한 일본인을 한국관리에 임명할 사
제6조 한국 정부는 통감의 동의 없이 외국인을 용빙하지 아니할 사
제7조 광무8년 8월 22일 조인한 한일협약 제1항을 폐지할 사

우를 증거하기 위하여 하명(下名)은 가가 본국 정부에서 상당한 위임을 받아 본 협약에 기명 조인함.

광무 11년 7월 24일
내각총리대신 이완용
통감 이등박문

신 제도'를 없애고 한일협약에 따라 한국 정부의 내정을 사전 검열하게 된 통감부는 어새를 직접 관장하여 황제의 결재를 마음대로 처리하였다.

정미조약은 신·구 황제의 권력 이양이 이루어지기도 전에 전격적으로 처리되었다. 이에 조약 체결을 위한 전권위원이나 황제의 위임과 비준 역시 이뤄지지 않았다. 더욱이 일제가 조약 체결을 반대하는 관료들을 구금하고 한국군 해산 및 일본군 증파를 결정한 가운데 일방적으로 조약이 체결되었다. 일제는 정미조약을 통해 통감의 내정간섭 권한을 대폭 강화하였다. 통감은 시정개선, 법령의 제정, 중요한 행정상의 처분, 고등 관리의 임면, 외국인의 고빙(雇聘), 일본 관리의 임명 등 한국의 내정을 일일이 간섭할 수 있는 권한을 갖게 되었다. 막강한 권한을 갖게 된 이토 는 고문제도를 없애고 각 부의 차관과 이하 관직에 일본인을 임명하는 소위 '차관정치'를 실시하였다.

특히 정미조약에는 비밀각서가 있었다. 여기에는 군대해산, 통감부의 사법권 및 경찰권 장악 문제 등 매우 중요한 내용이 포함되어 있었다. 무엇보다 군대해산은 대한제국의 자위력을 무력화시키는 중대 사안이었다. 고종 황제의 양위 소식에 시위대의 일부 군인들이 시민들과 함께 반대운동에 참가하여 일본 경찰을 살상하는가 하면 친일 대신들을 처단하려는 움직임까지 일자 일제는 한국군을 해산하기로 하였다. 일제는 이를 전격적으로 치밀하게 추진하였다.

당시 한국군은 서울에 시위 보병 2개 연대 약 3,600명, 시위기병·포병·치중병(輜重兵) 등을 합하여 400명, 지방에 진위보병 8개 대대(수원·청주·대구·광주·원주·해주·안주·북청) 4,800명 등 모두 8,800명 정도였다. 비록 수적으로 적은 군대이지만 일제가 한국을 통치하는 데 걸림돌이었던 것은 분명한 사실이었다.

이토 통감은 1907년 7월 24일 한국군에 '금족령'을 내려 부대 밖으로 나가지 못하도록 통제한 뒤에 일본군으로 하여금 탄약고를 접수토록 하고 본국에 요청하여 증파된 일본군 보병 12여단은 서울 이남의 수비를 맡도록 하였다. 기존 일본군 제13사단은 서울 이북의 수비를 담당하게 되었다. 특별히 서울 지역의 저항 세력에 대처하기 위해 위수사령부를 설치하였으며 인천에 구축함 4척을 주둔시켰다.

이렇듯 만일의 사태를 위한 조처를 단행한 뒤에 한국주차군사령관 하세가와는 순종 황제에게 재정 곤란과 후일 징병법을 실시할 때까지 잠정적으로 군대를 해산한다는 조서를 내리도록 강요하였다. 이때 이토 통감은 군대해산에 따른 '민심동요'와 '폭동'에 대비하여 일본군을 서울 전역에 배치하고, 저항하는 자에 대해서는 무력으로 진압하도록 하였다.

1907년 8월 1일 오전 7시, 하세가와 사령관은 군부대신 이병무와 함께 대대장 이상의 장교들을 자기 사저로 불러 순종 황제의 '군대해산조칙'을 전하며 협조할 것을 당부하였다. 이와 함께 그는 해산식을 위해 오전 10시까지 모든 병사들을 비무장으로 훈련원에 집합시키도록 했다. 이를 전달받은 대대장들은 자대로 돌아가 사병들에게 빈손으로 훈련원에 모이도록 명령하였다. 한국 군인들이 병영을 비운 틈에 일본군들이 점령하고 무기를 회수하였다.

그런데 오전 8시경 서소문 안에 있던 시위 보병 제1연대 제1대대의 교관 일본인 대위가 병사들을 이끌고 훈련원으로 가려 할 때, 대대장 박승환이 자살하였다는 소식이 전해졌다. 이에 격분한 군인들은 무기를 꺼내 들고 부대 밖으로 나가 일본군을 향하여 사격하기 시작하였다. 이웃에

군대해산조칙

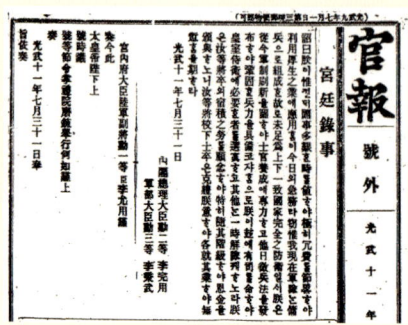

1907년 7월 31일자로 내려진 군대해산조칙(『관보』)

말씀하시길 짐이 생각건대 나랏일이 어려울 때를 당하여 극히 필요하지 않은 비용을 절약하여 이용후생의 업에 응용함이 금일의 급무라. 생각건대 우리나라의 현재 군대는 수비병으로 조직한 것이기 때문에 상하일치 국가를 완전히 방위하기에 족하지 아니하다. 짐은 이제 부터 군제(軍制) 쇄신을 도모하여 사관 양성에 전력하고 훗날 징병법을 발포하여 확고한 병력을 구비코자 함으로 짐이 이에 해당 관리에게 명하여 황실 시위에 필요한 자를 남겨두고 기타는 일시 해산케 하노라. 짐은 너희들 장졸의 그 동안의 노고를 생각하여 특히 그 계급에 따라 은사금을 나눠 줄 것이니 너희들 장교·하사·졸병들은 짐의 뜻을 몸소 헤아려 각자 업에 따라서 허물이 없도록 할 것을 바라노라.

주둔해 있던 시위 보병 제2연대 제1대대 병사들도 이에 동참하였다.

한국군 700여 명은 충분한 화력을 갖추지 못한 채 반자동 소총과 기관총으로 무장한 2개 대대 규모의 일본군에 맞서 서울 숭례문 등지에서 치열하게 전투를 벌였다. 하지만 이내 탄약이 떨어져 전투는 지속되지 못했고 2시간 만에 남상덕 등 68명이 전사하고 100여 명이 상처를 입었으며, 500여 명이 포로가 되었다. 이들 가운데 일부는 지방으로 내려가 각지의 의병과 합류하기도 하였다.

서울의 군대해산과 일본군과의 전투 소식을 접한 원주진위대와 강화

군대해산 직후 조선군의 반란에 병영을 습격해 점령한 일본군인들

출처: 한국학중앙연구원 소장

군대해산에 "군인으로서 나라를 지키지 못하였으니 만 번 죽어도 아깝지 않다"는 유서를 남기고 자결한 박승환(1869~1907)

출처: Wikimedia Commons

군대해산 뒤 투쟁을 벌이다가 포로가 된 대한제국 군인들
출처: 한국학중앙연구원 소장

분견대는 봉기하여 일본군과 맞서 싸웠다. 그 뒤 이들 대부분은 의병부대에 합류하여 항전을 계속하였다. 이는 정미의병의 계기가 되었다.

한편, 2개 대대를 제외한 시위 보병 제1연대 제2, 3대대와 제2연대 제3대대, 그리고 기병·공병·포병의 부대원들은 훈련원에 집합하였다. 이때 간단한 해산식을 치르고 이들에게 약간의 급여를 지급한 뒤, 군모와 견장 등을 반납도록 하고 강제 해산을 단행하였다. 한국 군인들은 주위에 일본군이 총검을 겨누며 둘러쌌기 때문에 반항할 수도 없었다. 이어 지방 진위대도 속수무책으로 약 1개월 이내에 해산을 당하고 말았다.

그뿐만 아니라 1909년 7월 30일에는 군부와 무관학교마저 폐지되었다. 무관학교의 재학 생도들은 일본의 사관학교로 보내 위탁교육을 실시하였다. 경술국치 이후, 이들 가운데 지청천·조철호 등은 독립운동에 가담하기도 하였지만, 대다수는 총독정치 체제 속에서 안주하며 일제의 앞잡이 군인이 되었다. 한편, 1907년 9월 통감부 조직을 개편하여 부통감을 친임(親任)으로 두어 통감을 보좌하고 통감 유고 시에 직무를 대리토록 하였다.

의병운동의 확산, 후기의병

고종 황제의 강제 퇴위 이후 정미조약과 군대해산 등으로 일제의 내정간섭은 더욱 확대되었고 경제적 침탈도 가중되었다. 특히 도시와 농어촌, 산간벽지 등을 불문하고 전국 각지에서 일본인의 토지 침탈이 심각했다. 이처럼 국가 존립 자체가 흔들리고 생존권마저 위협받는 상황에서 한국인의 반일감정은 극도로 악화되어 갔다. 이런 가운데 해산 군인들이 지방으로 내려가 의병에 합류하면서 의병운동이 전국으로 확산되는 기폭제가 되었다. 지방 진위대의 해산 군인들도 의병으로 전환되어 갔다.

1907년 8월 가장 먼저 원주진위대는 특무정교 민긍호와 육군 참위 김덕제의 인솔 아래 봉기하였다. 이들은 우편취급소, 관아, 경찰분서 등을 습격하여 군자금을 확보하고 무기고를 점령하여 총기와 탄약을 확보하였다. 또한 이들은 포수와 농민 1천여 명과 합세하여 경기도와 충북의 접경지대까지 활동무대를 넓혀 나갔다.

강화분견대의 해산 군인들은 1907년 8월에 부교(副校) 연기우·지홍윤·유명규·김동수 등의 지휘 아래 봉기하였다. 이들은 무기를 탈취하여 무장하고 군수이나 일진회원인 정경수와 일본인 경관을 처단하고 강화읍을 장악했다. 이에 지방민들이 의병에 가담하면서 의병은 600여 명으로 늘어났다. 특히 이곳은 다른 지역과 달리 계몽운동 계열의 대한자강회와 감리교 계통의 기독교 세력의 지원을 받았다. 이들은 갑곶진을 중심으로 일본군과 격렬한 전투를 벌여 10명의 전사자를 내는 전과를 거두기도 했다. 이외에도 중기의병 당시 의병 탄압에 앞장섰던 홍주분견대와 진주진위대도 군대해산에 저항하고 의병으로 전환하였다.

서울과 지방의 해산 군인들이 의병에 가담하면서 전열이 재정비되었고, 전국에서 다양한 계층이 의병에 투신하였다. 우선 1907년 8월 충북에서는 경북 상주 출신의 노병대가 보은군 속리산에서 의병을 일으켰다. 처음에는 200여 명에 불과하였으나 해산된 서울의 시위대 군인들이 가담하면서 1천여 명으로 늘어났다. 이들은 주로 보은·상주·청주·성주·거창·무주 등지에서 활동하면서 일본군과 크고 작은 전투를 치렀다. .

강원도 원주에서는 이은찬·이구재·방관일 등이 해산 군인 80명을 포함한 500명의 의병을 모집하고 이인영을 의병장으로 추대하였다. 이인영이 관동창의대장에 오른 후 사방에 격문을 보내 의병을 모집하자 규모가 수천 명에 달하였다. 이들은 일본군과 전투를 치르면서 경기도 양주 방면으로 진격하였다. 이는 훗날 13도창의대진소를 조직하는 원동력이 되었다.

경북에서는 신돌석 의병부대가 일원산을 중심으로 경상도를 넘나들며 유격활동을 통해 이름을 떨쳤다. 정환직은 산남의진을 재편하고 영천·경주·청송 등지에서 활동하였다. 이외에 유인석 의진에서 활동하였던 이강년이 문경을 중심으로 충북과 접경지대에서 활동하였다.

경기도 지역에서는 포천의 허위가 강화분견대 군인들을 끌어모아 임진강 유역에서 활동하였고, 장단과 황해도 서흥 일대에서는 김수민이 농민을 비롯한 평민들을 주축으로 의병을 조직하여 활동하였다. 마전·삭녕·연천 등지에서는 강화도분견대 해산 군인 연기우가 이끄는 의병부대가 돋보였다. 그는 엄정한 군율을 지키며 활동함으로써 주민들의 호응을 얻었다.

1908~1909년에는 호남 지역의 의병이 무장 투쟁을 이끌었다. 김동신·고광순·기삼연·김준·김율·이석용·문태서·전해산·심남일·안규홍·황준성 등의 의병장들이 주도했다. 김동신과 고광순 등은 전남과 전북의 경계인 내장산·지리산·덕유산 등 험준한 산악지대를 근거지로 삼아 유격전을 벌였다. 전기 의병에 가담하였던 기삼연은 1907년 10월에 호남창의회맹소를 결성하고 장성·고창·영광 등 전라도의 서부지역에서 활동하면서 후기 의병의 활성화에 크게 기여하였다. 전북에서는 이석용 의병부대가 진안과 임실에서, 문태서 의병부대는 무주·진안·장수 등의 전북의 동북 산간지대에서 크게 활약했다.

함경도에서는 홍범도·차도선·태양욱·송상봉 등이 포수와 해산 군인 등을 지휘하며 삼수와 갑산 등지에서 항일투쟁을 주도하였다. 황해도에서는 박기섭·이진룡 등이 평산 등지에서 활동했고, 평안도에서는 김관수 등이 유학자들과 힘을 합쳐 의병을 일으켰다. 함북 경성과 명천 등지의 의병들은 대한협회 지회와 연계하여 활동하였다. 제주도에서도 1909년 봄에 고승천의 주도로 의병이 일어났다. 간도와 연해주 등지에서는 이범윤·유인석·최재형 등이 의병을 조직하여 일제에 맞섰다.

후기 의병은 이전과 달리 농민도 의병장이 되었으며 해산 군인·상인·공인·노동자도 의병을 이끌었다. 특히 그들 가운데는 개화사상의 영향을 받은 인물들도 끼여 있었다. 의병 규모는 10~100명이었고 주로 산악지대를 이용한 게릴라 전투를 벌였다. 이는 해산 군인이 의병에 가담하면서 조직이나 전투 방법이 크게 향상되었기 때문이다.

군대 해산 이후 3개월 동안, 의병과 일본군과의 전투 기록을 살펴보면, 일본군의 사상자는 68명이었지만, 의병 사상자는 1,850명에 달하였다. 그동안 치열한 전투가 전개되었음을 보여주기도 하지만, 가장 큰 요인은 열악한 무기 때문이었다. 의병 가운데는 간혹 서양총으로 무장하기도 했지만, 대개는 재래식 화승총으로 싸웠다. 심지어는 활·도창·곤봉 등을 가지고 전투를 치르기도 하였다. 화승총의 사거리는 20미터 정도에 불과했으며 비가 오거나 습기가 많은 날에는 그마저도 사용할 수 없었다. 이와 달리 일본군은 러일전쟁 당시 제작된 38식 소총을 사용하였는데 사거리가 200미터나 되었으며 때로는 기관총까지 동원하였다.

런던의 『데일리 매일』지 기자 매켄지(Frederick Arthur McKenzie)가 1908년에 출판한 『한국의 비극(The Tragedy of Korea)』에 실은 경기도에서 활동했던 의병 관련 얘기를 소개하고자 한다.

… 처음 보기에 경기도 양근은 사람이 살지 않는 듯이 보였다. 그러나 주민들은 문 뒤에 숨어서 나를 지켜보고 있었다. 얼마 후 어른이나 아이들이 슬그머니 기어나와 서로 친해져 우리들은 곧 사이좋은 친구가 되었다. 하지만 부녀자들은 도망쳐 버렸다. (중략) 다음 순간 5, 6명의 의병이 마당으로 들어와 내 앞에 정렬을 하더니 경례를 했다. 그들은 모두 18세에서 26세 정도의 청년들이었다. 그들 중 영리하게 생기고 용모가 단정한 젊은이 하나는 한국 정규군의 낡은 제복을 입고 있었다. 다른 한 명은 군복 바지를 입고 둘은 얇은 누더기 한복을 입고 있었다. 가죽 장화를 신은 사람은 없었다. 허리에는 집에서 만든 무명

매켄지가 촬영한 의병 모습

출처: 매켄지, 『자유를 위한 한국인의 투쟁(Korea's fight for Freedom)』

탄대를 두르고 있었는데, 실탄이 반쯤 들어 있었다. 한 사람은 타부시(회교도들이 쓰는 모자)를 썼고, 다른 사람은 헝겊을 머리에 두르고 있었다.

  그들이 가지고 있는 총을 보았다. 여섯 사람이 총 다섯 자루를 가지고 있었는데, 좋은 것은 하나도 없었다. 한 사람은 우리가 알기에 가장 구식 화승총인 낡은 한국 엽총을 자랑스럽게 지니고 있었다. 팔에는 도화선으로 쓰는 길고 가는 줄이 그슬린 채 감겨 있었고, 뿔로 만든 화약통과 장전할 실탄주머니는 앞에 차고 있었다. 나중에 알고 보니 이 엽총이 흔히 쓰는 무기였다. 실탄을 눌러 재는 데 쓰는 꽂을대는 나무를 잘라서 집에서 만든 것이었다. 총신은 녹이 슬었고 멜빵은 무명 한 조각뿐이었다. (중략) 정오 무렵에 도착한 곳은 전날 한국군이 패주한 곳이었다. 의병들은 마을 주민들을 매우 불친절하게 여겼으며, 자기네를 일본군에 팔아먹었다고 생각했다. 내가 마을 주민들에게 전해들은 얘기가 진짜 전투 상황일 것이라 믿는다. 그들 말에 의하면 전날 아침 일본군 20여 명이 급습하여 거기에 주둔하고 있던 의병 200명을 공격했다는 것이다. 일본군 한 명이 팔에 경상을 입었으나 의병은 5명이 부상당하였고 그들 가운데 3명이 도망쳤는데, 이들이 바로 내가 아침 일찍 치료해 준 사람들이었다. 두 사람은 들판에 내버려졌는데, 한 명은 왼쪽 뺨에 다른 한 명은 오른쪽 어깨에 중상을 입었다. 주민들의 말을 빌리면 다음과 같다. 일본군들이 그 부상병에게 접근해 왔을 때 그들은 상처의 고통이 심해 말도 못하고 다만 짐승들처럼 "만세, 만세, 만세!" 하고 신음하듯 소리를 질렀을 뿐이었다. 그들은 무기도 없었으며 피는 땅 위에 낭자하게 흐르고 있었다. 일본군들은 그들의 신음소리를 듣고 달려와서는 총검으로 찌르고 또 찌르고 또 찔러 죽였던 것이다. 이 때문에 그 사람들은 칼에 갈기갈기 찢겨 있었고, 우리가 들어다가 묻어 주었다.

출처: 매켄지 지음, 이광린 옮김, 『한국의 독립운동』, 일조각, 1997, 110~121쪽.

연합의병부대의 결성과 서울 진공작전

의병이 전국적으로 확산되자 연합의진의 편성과 서울 진공작전이 추진되었다. 이를 주도한 인물이 관동의병장 이인영이었다. 그는 강원도 회성·지평·춘천 등지를 오가며 8도 의병을 규합하고 경기도 양주에 진출한 뒤에 비밀리에 격문을 전국 의병장들에게 보내 양주에 집결토록 했다. 또한 그는 1907년 10월 관동의병 대장의 이름으로 미국을 비롯한 각국의 동포들에게 호소하는 격문을 발송하였다. 격문 내용은 항일의병 투쟁의 합법성을 국제적으로 호소하는 것이었다.

이에 호응하여 1907년 12월 전국 각지에서 의병 1만여 명이 경기도 양주에 모여들었다. 강원도에서 민긍호·이은찬 등이 이끄는 의병 6천여 명, 충청도에서 이강년 의진 5백여 명, 전라도에서는 문태수 의진 100여 명, 경기도에서 허위 의진 2천여 명, 황해도에서 권중희 의진 5백여 명, 평안도에서 방인관 의진 80여 명, 함경도에서 정본준 의진 80여 명 등이었다. 평안도·함경도 지역에는 격문이 발송되지 않았음에도 의병들이 자발적으로 참가하였다. 이 중 해산 군인이 3천여 명 정도였는데 모두들 서양

총을 가지고 있었다. 다만 신돌석이 경상도 의병을 대표하여 천여 명을 이끌고 양주까지 올라왔지만 평민 출신이라는 이유로 제외되었다. 평민 의병장 출신인 홍범도와 김수민도 창의군에서 빠졌다. 당시 의병의 한계를 드러낸 것이었다.

이들은 '13도창의대진소'라는 통합군 사령부를 설치하고 총대장 이인영, 군사장 허위, 관동창의대장 민긍호, 호서창의대장 이강년 등으로 의진을 구성했다. 전열을 정비한 13도창의군은 서울탈환작전을 계획하였다. 일제가 설치한 통감부를 격파하고 을사늑약을 무효화시켜 국권을 회복하는 데 목적을 두었다.

13도창의군은 동대문 밖에서 전군이 집합한 가운데 대오를 정비한 후 음력 정월(양력 1908년 2월 1일)을 기하여 서울로 진격할 예정이었다. 작전에 따라 허위는 3백여 명의 선발대를 거느리고 크고 작은 전투를 치르면서 북상하여 1908년 1월 말 동대문 밖 30리 떨어진 지금의 청량리 근방까지 접근했다. 그런데 이 엄중한 시기에 의병 총대장 이인영이 부친 사망 소식을 듣고서는 급히 귀향하고 말았다. 전통 유생으로서 부친의 상례를 소홀히 할 수가 없었던 것이다. 부득이 허위가 전권을 물려받았지만 후발본대가 도착하기도 전에 선발대는 일본군과의 전투에서 밀렸다. 후발대마저도 일본군에 타격을 받아 제대로 허위의 선발대를 지원하지 못하였다. 민긍호의 부대는 원주 이북으로 북상하지 못하였고 이강년 부대는 강원도 화천에서 길이 막히고 말았다. 결국 허위는 더 이상 버티지 못하고 퇴각하였고, 각 의병부대 또한 각지로 흩어져 독자적인 항전을 벌여 나갔다.

허위 부대는 임진강 유역으로 본거지를 옮겼다. 여기에서 조인환·권준·왕회종·연기우·김진묵 등의 의병부대와 함께 경기·강원·황해도를 넘나들며 활약하였다. 이강년 의병은 충북 제천 방면으로, 민긍호 의병은 강원도 남부의 영월·홍천·원주 방면으로 진출하여 의병활동을 전개하였다. 하지만 민긍호는 1908년 2월 원주부근에서 일본군의 기습을 받아 전사하였고, 이강년은 1908년 7월 청풍군 북면에서 피체되어 사형을 당하였다.

그런데 13도창의군의 서울 진공작전이 감행되기 전부터 이러한 사실이 너무 잘 알려져 있었다. 『대한매일신보』는 서울진공작전이 전개되기 2개월 전부터 이를 크게 보도하고 있었다. 이에 일제는 서울 외곽의 방비에 오래전부터 전력을 기울였을 뿐만 아니라 양주 의병의 진로를 차단하고 한강의 선박 운항을 일체 금지시켰으며 동대문에 기관총을 설치하는 등 만반의 준비를 모두 마친 상황이었다. 이에 13도창의군이 일본군의 방어망을 뚫기란 현실적으로 거의 불가능한 형편이었다.

한편, 부친 장례를 마친 이인영에게 많은 의병들이 찾아가 다시 거의를 권하였으나, 그는 나라에 "불충한 자는 어버이에게 불효요 어버이에게 불효한 자는 나라에 불충이니, 효는 충이니 하는 것은 그 도가 하나요, 둘이 아니다"라고 하면서, "국풍을 지켜 3년 종상의 효도를 다한 후 재기하여 13도창의군을 일으켜 일본인을 소탕하겠노라"며 그들의 권고를 받아들이지 않았다. 그 후 이인영은 노모와 슬하의 두 아들을 데리고 상주군에 잠시 머물다가 다시 충북 항간군 금계동에 옮겨 살던 중 1909년 6월 7일 일군 헌병에게 체포되어 동년 9월 20일 경성감옥에서 형을 받아 순국하였다.

III

'한일병합조약' 체결과
대한제국 멸망

1
일제의 대한식민정책과 '한일병합조약' 체결 과정

일제의 한국 '병합체제' 구축과 식민정책 강화

정미조약을 체결한 일제는 한국 병합을 서둘렀다. 조약을 체결한 직후 1907년 7월 일제는 언론을 탄압하기 위한 '신문지법'과 집회결사를 금지하는 '보안법'을 제정하였다. 통감부는 '보안법'을 내세워 의병운동 및 계몽운동 단체들의 항일운동을 봉쇄·탄압하였다. 대표적으로는 대한자강회와 동우회 등이 이에 해산되었다. '보안법'은 1910년 경술국치 후에도 계속 효력을 가져, 1919년 3·1운동 당시 수많은 만세 시위자들이 체포·구금당했으며, 1945년 11월 미군정법령에 따라 미군정기에도 효력을 미쳤다.

한편, 1908년 7월 가쓰라 내각이 출범하면서 일본 군부의 입김이 거세져 대한정책 또한 강경노선으로 선회하였다. 일본 정부는 1909년까지 언제, 어떻게 한국을 병합할 것인지에 대해 명확한 방침을 결정하지 못한 상태여서 여러 병합론이 분분했다. 대한정책을 두고 합방·위임통치·병합 등의 주장이 제기되었다. 한국통치를 합방하여 연방제도로 할 것인지, 한국 황제에게 형식적인 주권만을 부여하고 위임통치를 할 것인지, 영국이 인도를 식민통치하는 것처럼 할 것인지를 두고 결정하지 못한 것이다. 당시 '합방' 문제를 둘러싸고 추밀원 의장 야마가타 아리토모(山県有朋), 육군대신 데라우치 마사타케(寺内正毅) 등은 '병합'을 주장하는 반면, 이토 등은 현상 유지를 주장하였고 가쓰라 수상은 중립적이면서도 '병합론'에 가까웠다. 이토와 가쓰라는 보호정치를 유지하되 한국에서의 지배력을 점진적으로 확대해 가는 병합정책을 우선하였다.

데라우치 마사타케(1852~1919)
출처: Wikimedia Commons

그런데 일본 각의는 돌연 1909년 6월 이토 통감을 경질하였다. '병합'을 빨리 추진해야 한다는 목소리가 힘을 얻었기 때문이다. 1909년 3월 가쓰라 내각이 '대한대방침'을 굳힌 것도 한몫했다. 이는 한국을 일본 영토의 일부로 편입시키는 국권 탈취 방식의 '병합'이었다. 한국을 완전히 폐멸(廢滅)시켜 제국 영토의 일부로 만드는 것이었지만 이를 완화하여 '병합'이라 한 것이다. 이러한 병합방침에 이토가 동의하면서 경질 절차가 이뤄졌다. '한국병합에 관한 건'이 1909년 7월 일본 각의를 통과하였다.

한국 병합에 관한 건

일본의 한국에 대한 정책이 우리 실력을 한반도에 확립하고 파악을 엄밀하게 하는 데 있음은 말할 필요 없다. 러일전쟁 개시 이래 한국에 대한 우리 권력은 점차 커져 특히 재작년 한일협약의 체결과 더불어 한국에서의 시설은 크게 면목(面目)을 고쳤으나 우리 세력은 아직도 십분 충실하지 못하고 한국 관민의 우리에 대한 관계 또한 완전히 만족스럽지 못하다. 이에 일본은 더욱 한국에서의 실력을 증진하고 그 근저(根低)를 깊이 하여 내외에 대하여 싸우지 못할 세력을 수립하는 데 힘쓸 필요가 있다. 그리고 이 목적에 도달함에는 차제 일본 정부가 다음의 대방침을 확립하고 제반 계획을 실행해야 한다.

1. 적당한 시기에 한국의 병합을 단행할 것. 한국을 병합하여 이를 일본 판도의 일부로 함은 반도에서의 우리 세력을 확립하기 위해 가장 확실한 방법이다. 일본이 내외 형세에 비추어 적당한 시기에 단연 병합을 실행하고 반도를 명실공히 우리 통치하에 두고 또 한국과 다른 모든 외국과의 조약 관계를 소멸시킴은 일본 백년의 장계(長計)라 하겠다.
2. 병합 시기가 도래하기까지는 병합방침에 기반하고 충분히 보호의 실권을 거두고 힘써 실력 부식(扶植)을 도모할 것. 전항과 같이 병합의 대방침이 이미 확정되었으나 적당한 시기가 도래하지 않는 동안은 병합방침에 기반하여 우리의 제반 경영을 진척하여 반도에서의 우리 실력의 확립을 기할 필요가 있다.

대한시설대강(對韓施設大綱)

한국에 대한 일본 정부의 대방침이 결정된 이상 한국에 대한 시설은 병합 시기가 도래하기까지 대요(大要) 다음 항목에 의해 이를 실행하는 것을 필요하다고 인정한다.

1. 일본 정부는 기존 방침에 따라 한국의 방어와 질서 유지를 담임하고 이를 위하여 필요한 군대를 한국에 주둔시키고 또 가능한 한 많은 헌병과 경찰관을 한국에 증파하여 십분 질서 유지의 목적을 달할 것.
2. 한국에 관한 외국교섭사무는 기존 방침에 따라 우리 손에 파지(把持)할 것.
3. 한국철도를 일본철도원 관할로 옮기고 철도원 감독하에 남만주철도와 밀접히 연결하여 우리 대륙철도의 통일과 발전을 도모할 것.
4. 가급적 많은 일본인을 한국 내에 이식(利殖)하여 우리 실력이 근저(根低)를 깊이 하는 동시에 한일 간의 경제 관계를 밀접하게 할 것.
5. 한국 중앙정부와 지방청에 재임하는 일본인 관리의 권한을 확장하여 한층 민활하고도 통일적인 시정을 행하도록 할 것.

'한국병합에 관한 건'의 골자는, 첫째 '적당한 시기'에 한국을 일본 판도의 일부로 하는 병합을 단행할 것, 둘째 '병합 시기'가 올 때까지는 병합방침을 확고히 하기 위한 정책을 시행하며, 충분히 보호 실권을 거두고 힘써 실력 부식을 도모할 것 등이었다. 통감 정치 3년 만에 병합방침이 확정되었다.

'대한시설대강'에 따르면, 가능한 한 다수의 헌병 및 경찰관 파견, 외교 사무를 완전히 장악, 가능한 한 많은 일본인의 이주 실현, 한국에 취임하는 일본인 관리의 권한 확대 등의 내용을 담고 있었다. 한국의 식민화가 일제의 각본대로 움직였다.

그런데 일제는 '적당한 시기'를 고심하였다. 먼저 열강이 일제의 만주 진출을 예의 주시하고 있었기 때문에 이들의 반대를 무마해야만 했다. 또 하나는 일제가 청일전쟁 이후부터 한국의 독립 원조와 독립 유지를 약속한 마당에 이를 파기하고 '병합'을 단행하기에는 명분이 너무 약했다. 이에 일제는 '적당한 시기'를 만들어 냈다. 1909년 7월 사법 및 경찰 사무를 개선한다는 명목으로 '기유각서'를 공포하여 대한제국의 사법권과 감옥 사무를 박탈하고, 그해 9월에 '남한대토벌작전'을 개시하여 호남 지역의 의병세력을 초토화하였다. 이어 10월에는 의병 활동이나 계몽운동을 탄압하고자 '사법관제'·'감옥관제'를 공포하고 11월에는 법부마저 폐지하였다. 이로써 한국의 사법 및 감옥 사무는 일제에 위임되었다.

한편, 일제는 1909년 6월 이토 후임으로 부통감 소네 아라스케(曾彌荒助)를 통감으로 승진시켰다. 가쓰라 총리는 한국 황실 및 정부의 실책이 초래될 때를 병합의 기회로 삼아야 한다는 태도였는데, 이에 적합한 인물로 그를 지목한 것이다. 반면에 일본 내 강경파들은 이토의 회유정책의 일환인 '한인본위주의(韓人本位主義)'가 실패했다며 소네 신임 통감에게 한국에 대한 '무단주의(武斷主義)'를 주문하기도 하였다.

이토는 통감직에서 물러나면서 한국 대신들에게 "새로운 통감은 옛 방침에 따라 양국의 친화를 도모하고 양국의 황실 및 인민을 위하여 진력할 것"이라며, 소네가 자신과 일치된 정책을 취할 것임을 강조했다. 실제 소네 통감은 이토가 취했던 대한정책의 연속성을 유지하여 '보호통치'의 유지와 병합 기반 마련에 노력하였다. 그런데 이는 소네 통감의 결정이라기보다는 가쓰라와 이토와의 밀약에 따른 것이었다. 이토가 통감에서 물러날 때 가쓰라 총리에게 "조선의 현상, 일국의 관례, 일본 내정을 고려하여 명(名)을 버리고 실(實)을 택하여 7, 8명 정도 형세를 관망한 후 병합을 단행하자"라고 제안하자, 가쓰라가 이를 찬성하고 소네 통감 또한 이에 동의하였기 때문이다.

한편, 이러한 시기 이토가 안중근에 의해 처단되었다. 일제는 오히려 이를 기회로 삼아 서구열강으로부터 병합 명분을 확보하고 일본 내에서의 여론도 조성해 나갔다. 일본 내에서는 즉각적인 병합을 단행하자는 강경파들의 힘이 점점 커졌다. 일진회는 1909년 12월 '대국민합방성명서'를 발표하는가 하면, 순종 황제·이완용 내각·소네 통감 등에게 '합방상무준청원서'를 제출하였다. 이후 일본뿐 아니라 한국에서도 병합 논쟁이 본격화면서 급진론과 신중론이 제기되었다. 신중론은 이미 한국을 식민화한 것이나 다름없고 병합 준비를 착실히 수행하는 상황에서 국제 관계 악화, 일본의 재정 부담, 반일 봉기를 야기할 것이라는 점을 고려한 것이다.

병합 추진 과정

1910년대로 접어들면서 강경론이 우세해지면서 '병합' 작업은 급진전하였다. 일본 내 병합 여론은 민간단체 '조선문제동지회'가 주도하였다. 주요 회원들은 극우파인 흑룡회 인사들로 구성되었는데, 일진회가 합방성명서를 발표하자 도탄에 빠진 한국인들을 구출한다며 한국 문제의 근본적 해결, 곧 병합 단행을 주장하여 관련 운동을 주도해 나갔다.『경성일일신문』기자단은 병합을 단행하여 '동양평화 유지', '양국의 행복 증진', '한국의 문명화'를 이룩하자고 했고,『조선일일신문』은 병합의 기운이 무르익는 이때에 최후의 해결책을 강구해야 한다고 주장하였다. 일부 의원들은 재정적 부담을 만회하기 위해 병합을 실행해야 한다고 주장하기도 하였다.

결국 비교적 중립적인 입장에 섰던 가쓰라 총리도 공식적으로 일진회 등의 합방 주장을 접수하겠다고 표명하는 한편, 중의원 의원들에게도 엄중한 통치로 선회할 것을 알렸다. 그는 일진회 등 친일단체들의 합방 요구를 받아들이는 형식을 택하였는데, 이는 한국 정계의 극렬한 반대 혹은 동요가 없을 것이라는 판단에 따른 것이었다.

일제는 먼저 한국의 행정과 치안 장악을 기도하는 한편, 국제적으로 열강의 승인을 받기 위해 여러 협약도 체결하였다. 먼저 병합을 위한 구체적인 준비에 착수하여 침략적인 의도를 드러냈다. 일진회 등 친일세력을 지원하였고 의병 등 항일세력을 철저히 탄압하였다. 1910년에 들어서면서 일제는 한국의 행정을 장악해 들어갔다. 한국의 통치 효율성을 높이고자 총무장관제를 민정장관제로 바꾸었고 행정 각부는 병합하여 사무처리를 간소화하였고, 경찰권을 인수하여 치안을 장악하는 한편 장차 병합에 유리하게 지방통치를 획일화하고자 했다.

이와 더불어 일제는 한국병합을 승인받기 위해 공을 들였다. 1910년 1월 일제는 러시아와 협의하여, 미국이 일제의 만주 진출을 위해 제기한 만주철도중립화를 거부하였다. 그해 2월에 고무라(小村壽太郞) 외무대신은 영국주재 가토(加藤) 일본대사에게 "한국통치 준비를 위해 시간이 필요하므로 병합 추진을 재촉할 만한 사안이 없으면 당분간 현상을 유지하며 병합 단행 시까지 다소 시간이 필요하다"라는 전문을 보내, 병합유보의 태도를 보였다. 일본의 측으로서는 아직 '적당한 시기'가 아니라 판단한 것이다.

그 뒤 1910년 3월 일본 각의는 제2차 러일협약 체결 방침을 결정하고 그해 4월 러시아로부터, 5월에는 영국으로부터 한국병합 승인을 얻어냈다. 이에 따라 1910년 7월 4일 일제는 러시아와의 '제2차 러일협약'을 체결하였다. 이전 '제1차 러일협약'에서 일본과 러시아는 만주를 나눠 상호 권익을 확보하고, 러시아는 내몽고에서 일본은 한국에서의 세력권을 상호 인정한 것에 비해 한층 진일보한 것이었다.

일제의 한국병합은 통감을 교체하는 것으로부터 본격화하였다. 일제는 1910년 5월 30일 병합에 미온적인 태도를 고수하던 소네 통감을 경질하고 강경파인 육군대장 데라우치를 통감으로 겸임시켰다. 일제는 그를 한국 병탄의 적임자로 파악했다. 이와 더불어 일본 각의는 6월 3일 병합 후의 한국에 관한 시정방침을 결정하였다.

① 조선에 당분간 헌법을 시행하지 않고 대권(大權)에 의하여 통치한다.
② 총독은 천황의 직속으로 조선에서의 모든 정무를 통괄하는 권한을 가진다.
③ 총독에게 대권 위임으로 법률사항에 관한 명령을 발하는 권리를 준다. 단, 본 명령은 별도의 법령 또는 적당한 명칭을 붙인다.

이는 병합 후 일본 헌법으로 한국을 통치하지 않고 일본왕의 직속으로 총독을 두어 명령으로써 정무를 통괄한다는 원칙을 제시한 것이다. 즉, 총독이 독자적으로 조선을 통치토록 한다는 것이다. 이외에도 시정방침에는 한국의 정치 기구의 개폐, 총독부의 회계 및 정비, 철도와 통신에 관한 예산, 관세, 병합 실행에 따른 경비, 한국의 관리 채용 등도 포함하였다.

일본 정부는 1910년 6월 21일 병합에 필요한 법적 준비를 위해 척식국(拓殖局)을 내각에 신설하였다. 이와 함께 통감에 임명된 데라우치는 일본에 머물면서 한국의 내부대신이나 총리대신 임시서리 박제순과 '한국 경찰사무 위탁에 관한 각서'를 교환하여 명목상으로만 남아 있던 한국 경찰권마저 폐지하고 헌병경찰제도를 확립하였다. 이를 통해 '합병'에 반대하는 한국인들의 물리적 저항을 제거하려 하였다.

데라우치는 비밀리에 병합준비위원회를 설치하여 한국의 국호, 황실 대우, 한국 인민 통치, 병합에 필요한 총경비 등에 관하여 방안을 작성, 심의하였다. 골자는 한국 황제는 일본 제국의 황족으로 대우하여 태공(太公)으로 칭하고 1년에 150만 원을 지급하며, 한국 대신 이하 공신들에게는 후작·백작·자작·남작의 작위를 수여하고 세습 재산으로 15만 원 이하 3만 원 이상의 공채 증서를 하사한다는 것이었다. 이외에 식민지 관리는 가능한 한 조선인을 채용하고 대신 및 내각 관리들에게는 중추원의 고문·찬의(贊議)·부찬의로 임명한다는 것이었다. 특히 한국인의 구제책에 대해서, 한국인을 일본인과 동등하게 취급하되 빈곤 상태에서 벗어날 수 있도록 자금 마련을 위해 공채 발행도 추가하였다.

이후 병합준비위원회는 병합방침을 구체화해 나갔다. 이에 1910년 위원회는 7월 7일 황실 대우, 대관 귀족 처분, 한국인 통치방안 등을 포함하여 한국의 보호, 조선인의 국제법상의 지위, 제 외국의 치외법권 및 거류지 제도 철회, 한국의 채권채무 부단, 입법 사항 등 21개조의 '병합실행방법세목'을 의결하였고, 각의는 바로 다음 날 이를 통과시켰다.

이 가운데 가장 민감하였던 문제는 병합 후 한국에 일본 헌법을 적용할지 여부였다. 데라우치가 이에 대해 적극적으로 반대하면서 이는 제외되었다. 결국 가쓰라 총리는 데라우치에게 통첩을 보내, 조선에서는 당분간 헌법을 시행하지 않고 대권에 의해 통치하되 총독은 일본 왕의 직속하에 조선에서의 모든 정무를 통할하는 권한을 가진다는 방침을 분명히

하였다.

데라우치는 병합안을 들고 1910년 6월 23일 인천을 통해 한국에 들어와 통감에 부임하여 병합을 실행에 옮겼다. 1910년 7월 하순 한국에 부임한 데라우치는 일본군 수비대에 경비태세를 강화시키고 각지 수비대 병력을 용산에 집결시켰다. 또한 그는 병합 관련 사안에 대한 신문 검열을 엄중히 하고 시국에 저촉되는 보도를 일체 정지시키는 등 언론을 철저히 봉쇄하였다.

이제 병합을 위한 한국 측과의 담판만이 남았다. 일제는 한국 내 생각을 달리하는 여러 정치세력을 이용하고자 하였다. 총리대신 이완용과 그의 측근이었던 농상공부대신 조중응, 이에 맞서고 있던 일진회 송병준 측과 세력 경쟁을 유도하였다. 일제는 병합조약은 이완용 내각이 아닌 일본에 머물고 있던 송병준을 중심으로 내각을 구성하여 체결할 것이라는 소문을 퍼뜨렸다. 데라우치는 이완용 내각이 병합조약에 주저할 것을 경계하여 귀국을 서두르던 송병준을 조금 더 일본에 머물게 하여 그를 견제하고자 하였다. 여차하면 송병준 내각을 조직하여 병합조약을 체결한다는 계략이었다.

일제의 움직임에서 이상한 점을 눈치챈 이완용은 급히 온양에서 서울로 올라왔다. 이완용은 1909년 12월 이재명에게 저격을 당한 이후 온양에서 치료 중이었다. 그는 1910년 8월 5일 측근인 이인직에게 통감부 외사국장 고마쓰 미도리(小松綠)를 방문하게 하여 당시 일제의 의향을 살피도록 하였다. 이를 통해 데라우치는 이완용이 병합에 이견이 없음을 확인하고 통감부 인사국장 고쿠부 쇼타로(國分象太郎)를 이완용에게 보내 병합을 교섭토록 하였다.

한편, 1910년 8월 12일, 한국주차군사령부는 '병합' 발표에 앞서 한국인의 항거에 대비하여 회의를 열었다. 이어 8월 19일에 경무총장은 "정치에 관한 집회 또는 옥외에서 다수의 집합을 금지한다"라는 부령을 내리고 위험인물에 대해서는 도서지방으로 거주를 제한하는 '거주제한퇴거명령'을 내려 병합 반대 소요에 대한 만반의 준비를 했다.

병합조약 체결

1910년 8월 16일 이완용과 조중응은 통감 관저로 데라우치를 찾았고 데라우치는 이완용에게 '합병조약안'을 제시하며 수락을 재촉했다. 이러한 담판은 매우 조심스럽고 비밀리에 진행되었다. 데라우치는 이완용에게 한국병합은 선의의 목적에 의한 것이기 때문에 한일 간에 '화기애애'하게 이뤄져야 한다며 미리 준비한 '병합에 관한 각서'를 제시하였다. 여기에 병합은 '한국 부액(扶掖)', '한국 황실의 안전 보장', '한국 관민의 복리 증진'을 위해 양국이 일체가 되는 것이라는 내용이 담겨 있었다.

이완용은 한국의 모든 것이 헐어 무너져 스스로 쇄신할 수 없기에 다른 나라에 의뢰해야 하는데 기댈 곳은 일본뿐이라 주장했다. 그리고 일본과의 병합은 세계 각국이 인정하는 것이라며 병합에 대한 분명한 찬성 견해를 밝혔다. 다만, 이완용은 국호를 '대한(大韓)'에서 '조선'으로 하고, 황제의 칭호도 '태동'으로 한다는 데 이견을 보였다. 그는 주권 없는 국가 및 황실은 단순히 형식에 불과하지만, 일반민들의 감정을 고려하여 국호와 왕의 칭호는 존속시킬 것을 주장하였다. 이에 대해 데라우치는 병합이 시행된 마당에 왕위를 존속시킬 어떠한 이유도 없다며 반대하고 나섰다. 이완용은 당장 결정하기 곤란한 사항이라며 이후 각료 회의를 통해 협의를 하겠다는 것으로 일단락 지었다. 그날 저녁 조중응이 다시 통감 사저를 찾아 '대한'을 '조선'으로 하되 왕 칭호는 '조선왕'으로 하자는 협상안을 제시했으나 이것마저도 거부되었다. 데라우치는 그렇게 했을 때에 '조선 통치자'로 내비칠 수 있다는 이유를 들면서, '이왕 전하', '이태왕 전하', '왕세자 전하'로 제안하였다. 이완용이 이를 수용하면서 협상안이 타결되었다.

이외에 이완용은 추가로 몇 가지를 일본 측에 요구하였다. 첫째, 일제 식민통치에 민심이 불복하지 않게 하려면 국민의 생활 방도에 힘쓸 것, 둘째, 민심의 동요를 막기 위해서 왕실을 후하게 대우할 것, 셋째, 교육 행정 기관을 설치하여 조선인이 일본인과 똑같은 교육을 받도록 할 것, 넷째, 양반의 신분 보장 등이었다.

이에 따라 데라우치 통감과 이완용은 병합 조건으로 다음과 같은 각서를 교환하였다. 병합 이행에 따라 충분히 대우를 해주겠다고 약속하면서 병합조약 협상은 원활히 진행되었다.

각서

한국의 황제는 일본의 황족 예우를 받을 뿐만 아니라 현재와 동액(同額)의 세비를 일본이 보증하기 때문에 장래에도 부유한 생활을 영위할 것이다. 또한 종래 황실부(皇室府)의 각관(各官)은 그 직명은 바뀔 수도 있지만, 지위와 봉급은 보증한다. 각 황족은 공(公)·후(候)·백작(伯爵) 등의 영작(榮爵)을 수여받고 그 세비도 현재보다 증가하기 때문에 십분 체면을 유지할 수 있다. 현 내각 대신에게는 영작을 수여하고 상당한 은사금이 주어지며, 병합 후 신정(新政)에는 고문에 임명된다. 기타 친(親)·칙(勅)·주(奏)·판임관, 원로, 전 대신 등에게도 각각의 은전(恩典)을 베푼다.

다음 날 1910년 8월 17일 데라우치는 이완용에게 병합조약 초안을 보여주었다. 이완용은 초안을 가지고 8월 18일 각의를 열었다. 병합 안에 대한 대신들의 동의를 구하고자 한 것이다. 이 자리에서 총리대신 이완용, 농상공부대신 조중응, 내부대신 박제순, 탁지부대신 고영희 등은 병합안에 찬성하였지만, 학부대신 이용직은 이에 반대하였다.

한편, 이완용은 순종 황제가 병합안에 반대할 것을 우려하여 황제의 재가 대신 교지(敎旨)로 조약을 조인하는 방법을 택했다. 이를 위해 궁내부대신 민병석과 시종원경 윤덕영의 양해를 우선 구하고자 하였다. 이에 8월 19일 이들에게 시국 해결을 위한 병합의 필요성을 설명하였다. 그 뒤 8월 21일 데라우치가 이완용의 권유에 따라 이들을 통감 관저로 불러 병합의 본지에서 실행 방법 등을 자세히 설명하며 협조를 당부하였다.

그 뒤 이완용은 윤덕영으로 하여금 병합에 따른 양국조서에 어보를 날인하도록 사주하였다. 윤덕영은 병합에 반대하는 순종 황제를 압박하여 강제로 조서에 날인토록 하였다. 조서는 이완용을 거쳐 데라우치에게 전달되었다.

1910년 8월 22일에 형식적으로 어전회의를 개최하고서는 데라우치 통감과 '합방조약'에 조인하였다. 데라우치와 이완용이 병합 담판을 시작한 지 6일 만에 모든 것이 마무리되었다. 다만 일제는 한국인들의 저항을 두려워하여 조약 발표는 당분간 미뤘다. 일제는 병합조약이 마무리된 이튿날 8월 23일 '집회취체에 관한 건'을 공포하여 모든 정치집회와 옥외 민중 집회를 금지하였고, 8월 25일에는 일진회를 포함한 12개 정치단체에 해산명령을 내려 병합조약에 반대하는 세력들의 활동을 원천 차단하였다. 그러면서 주한 각국 영사에게 일본의 한국병합을 공식 통보하였고, 8월 26일 야마가타 이사부로(山縣伊三郞) 부통감이 신문기자들을 모아 놓고 한국 강점을 알렸다.

1910년 8월 29일 『관보』에 한국 황제가 통치권을 양여하여 일본 왕이 이를 수락하고 병합한다는 '병합조약'이 호외로 실렸다. 이와 때를 같이 하여 일본 왕은 조칙과 병합에 따른 칙령을 공포하였고, '통치권을 일본 천황에게 양여'한다는 조작·날조한 순종 황제의 칙유가 발표되었다. 이로써 1392년에 개국하여 1897년 대한제국으로 개칭한 조선왕조는 518년 만에 역사 속으로 사라졌다. 이후 약 35년간이나 한국인들은 일제의 잔혹한 통치에 신음하는 식민지인으로 서러운 삶을 살아가야만 했다.

'합방조약' 서문에 따르면, '합병'의 이유를 "양국의 상호행복을 증진시키고 동양의 평화를 영구히 확보하기 위한 것"이라고 하였지만, 이를 믿는 사람은 아무도 없었다. 일제가 자신들의 침략 행위를 합리화하기 위

한일합병조약

한국 황제 폐하와 일본국 황제 폐하는 양국 간의 특수하고 친밀한 관계를 살펴 상호 행복을 증진시키는 동시에 동양의 평화를 영구히 확보하고자 하여, 그 목적을 달성하기 위해서는 한국을 일본제국에 병합함이 가장 적절하다는 것을 확신하고 이에 양국 간에 합병조약을 결정하기도 결성하여 이를 위해 한국 황제 폐하는 내각총리대신 이완용을, 일본 황제 폐하는 통감 자작 데라우치를 각기 전권위원으로 임명함. 이에 따라 이 전권위원은 회동·협의하여 다음의 제 조문을 협정함.

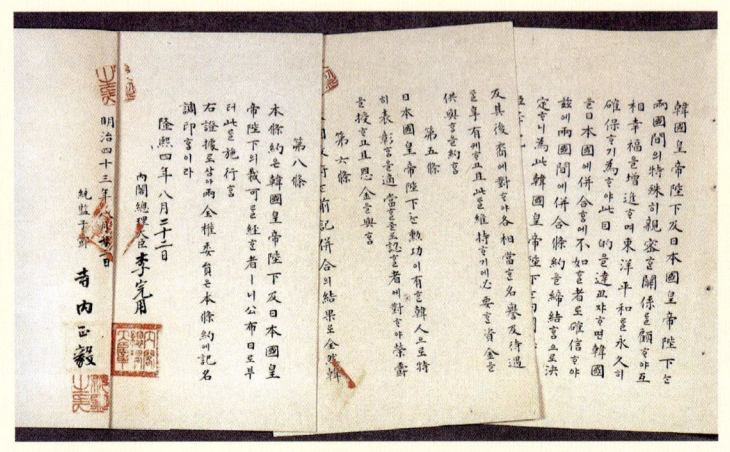

경술국치 조약문(1910. 8. 22.)

출처: 서울대학교 규장각 한국학연구원 소장

　제1조 한국 황제 폐하는 한국 전부에 관한 일체 통치권을 완전 또는 영구히 일본국 황제 폐하에게 양여함.
　제2조 일본국 황제 폐하는 제1조에 게재한 양여를 수락하고 또 전연 한국을 일본제국에 병합함을 승낙함.
　제3조 일본국 황제 폐하는 한국 황제 폐하, 대황제 폐하, 황태자 폐하 및 그 후비 및 후예로 하여금 각기 지위에 따라 상당한 존칭, 위엄 및 명예를 향유케 하고 또 그것을 보지(保持)함에 충분한 세비를 공급함을 약속함.
　제4조 일본국 황제 폐하는 제3조 이외의 한국 황족 및 그 후예에 대하여 각기 상당한 명예와 대우를 향유케 하고 또 이를 유지하기에 필요한 자금을 공여함을 약속함.
　제5조 일본국 황제 폐하는 공훈 있는 한인으로 특히 표창 행함이 적당하다고 인정되는 자에 대하여 영작을 수여하고 또 은사금을 줌.
　제6조 일본국 정부는 전기 병합의 결과로 전연 한국의 시정을 담임하여 그 땅에 시행할 법규를 준수하는 한인의 신체 및 재산에 대하여 충분히 보호하며 또 그 복리의 증진을 도모함.
　제7조 일본국 정부는 성의, 충실히 신제도를 존중하는 한인으로서 상당한

자격이 있는 자를 사정이 허락하는 범위에서 한국에 있는 제국관리로 등용함.
　제8조 본 조약은 한국 황제 폐하 및 일본국 황제 폐하의 재가를 받은 것이므로 공포일로부터 이를 시행함.

융희 4년 8월 22일
내각총리대신 이완용(李完用)
통감 자작 데라우치 마사타케(寺內正毅)

한 허위로 가득 찬 수식어에 불과한 것이었다. 이에 대한제국이 멸망하자 수많은 애국지사들의 자결·순국이 줄을 이었다. 황현·홍범식·송병순·이만도·안숙·이재윤·김석진·송주면·김도현·김지수·송완명·정동식·조장하·정재건·류도발·류신영 등 무려 56명에 달하였다.

황현

황현(1855~1910)
출처: 문화재청 소장

황현은 전라남도 광양 출신으로 어려서부터 총명하여 사람들을 놀라게 하였으며, 청년 시절에 과거를 보려고 서울에 와서 문명이 높던 강위·이건창·김택영 등과 깊이 교유하였다. 1883년 별시인 보거과(保擧科)에 응시하여 그의 글이 초시 초장에서 첫째로 뽑혔으나 시험관이 그가 시골 출신이라는 이유로 둘째로 내려놓았다. 이를 지켜본 황현은 조정의 부패를 절감하여 더 이상 과거에 미련을 두지 않고 관리가 되겠다는 뜻을 접은 채 귀향하였다.

1888년 아버지의 명을 어기지 못하여 생원회시에 응시하여 장원으로 합격하였다. 하지만 당시 나라의 형편은 임오군란과 갑신정변을 겪은 뒤였고 청의 적극적인 간섭정책 아래에서 수구파 정권의 가렴주구와 부정부패가 극심하였다. 이에 관직에 환멸을 느낀 황현은 또다시 귀향을 결심하였다. 귀향 후에는 전남 구례에 작은 서재를 마련하고 3,000여 권의 서책을 쌓아 놓고 독서와 함께 시문 짓기와 역사연구·경세학 공부에 열중하였다.

1894년 동학농민운동, 갑오개혁, 청일전쟁이 연이어 일어나자 급박한 위기감을 느끼고, 후손들에게 남겨주기 위하여 『매천야록(梅泉野錄)』·『오하기문(梧下記聞)』을 지어 경험한 것과 견문한 바를 기록하였다. 1905년 11월 일제가 을사늑약을 체결하여 국권을 박탈하자 통분을 금하지 못하고, 당시 중국에 있는 김택영과 국권회복운동을 하려고 망명을 시도하다가 실패하였다. 1910년 8월 일제에 의하여 강제로 나라를 빼앗기자 통분하여 9월 10일 "나는 죽어야 할 의리는 없지만, 다만 국가가 선비를 기른 지 500년이 되어 나라가 망하는 날 한 사람도 난국에 죽지 않는다면 오히려 애통하지 않겠는가"라며, 절명시 4수를 남기고 다량의 아편을 먹고 자결·순국하였다.

〈절명시〉

鳥獸哀鳴海岳嚬(조수애명해악빈) 새 짐승도 슬피 울고 강산도 찡그리네.
槿花世界已沈淪(근화세계이침륜) 무궁화 온 세상이 이미 망해버렸다.
秋燈掩卷懷千古(추등엄권회천고) 가을 등불 아래 책 덮고 지난날 생각하니,
難作人間識字人(난작인간식자인) 인간 세상에 글 아는 사람 노릇하기 어렵기만 하구나.

2
'병합조약 체결'의 불법과 무효론

병합조약 체결의 불법과 무효

1910년 8월 22일 총리대신 이완용이 데라우치 통감과 체결한 '한국병합조약'은 이전 조약들과 달리 정식조약의 요건을 다 갖추고 있어 전권위임장, 순종 황제의 서명, 대한제국 황실의 공식 국새인 '대한국새'가 날인되어 있다. 각서에는 '한국병합조약' 및 양국 황제의 조칙을 쌍방이 약속하여 정하고 이를 공표하게 되어 있지만, 조약은 공표되는 동시에 효력이 발생한다. 따라서 비준할 시간적 여유가 없으므로 칙유로 비준을 대신하기로 하였다.

일반적으로 조약은 조약문에 대한 서명날인 후 3개월 이상의 시간을 두고 비준 절차를 거치게 된다. 그러나 한국에 대해 '병합조약'을 강요한 일본으로서는 그런 시간적 여유를 갖지 못했다. 그럴 때 한국민의 저항이 거세져 비준이 이뤄지지 못할 가능성이 컸기 때문이다. 이에 비준 대신

사전 승인의 편법이 동원된 것이다. '병합조약'은 공포 절차를 거쳐야 비로소 효력을 발생하기 때문에, 일제는 '병합'을 알리는 양국 황제의 조칙문을 준비하였다. 이러한 절차는 비준서에 따르는 것이었다. 비준은 전권위원들이 합의 서명한 것을 국가 원수가 승인하는 것인 동시에 자국민과 외국에 대해 그 사실을 알리는 목적을 가지는 것으로, 공포 목적의 조칙은 곧 이에 준하는 것이었다.

이에 8월 29일 자로 '한국병합조약' 공포 즈음에 조약 비준서에 해당하는 '칙유'가 발표되었는데, 순종 황제의 칙유문에는 전권위원 위임의 칙서에 사용된 '대한국새(大韓國璽)' 대신에 행정적 결재에만 사용되는 '칙명지보(勅命之寶)' 어새가 찍혀있을 뿐이며, 모든 법령에 들어가는 황제의 친필 서명이 없다. 1907년 11월 18일부터 대한제국의 공문서 재가 형식을 일본에 맞춰 황제의 수결(御押) 대신에 이름자 서명을 직접하고 그 아래에 어새 또는 국새를 찍는 것으로 바뀌었다. 이 방식에 따라 1910년 8월 22일까지 이 방식에 따라 제정된 법령 건수는 조칙 16건, 법률 76건, 칙명 275건 등이었다. 이를 근거로 서울대 교수 이태진은 어명 친서가 없으므로 비준되지 않았으며, 한국 황제의 칙유문은 날조된 것이며, '한국병합조약'은 무효라고 주장하였다.

이에 일본 측 연구자 운노 후쿠주(海野福壽)는 사전 재가 유효설을 주장했다. '한국병합조약'은 조인 후에 비준한 것이 아니라, 조인 전에 이완용에게 교부된 조칙 형식의 전권위임장에 황제가 "한국의 통치를 짐이 가장 신뢰하는 대일본국 황제 폐하에게 양여하기를 결심하였다"라고 기명함으로써 국내 비준(황제 재가)을 마친 것이며, 따라서 조약에는 비준 조항이 없고 외교 행위로서 비준서 교환을 필요로 하지 않았다고 지적했다. 아울러 운노는 '한국병합조약'은 부당하지만, 법적으로 유효하게 체결되어 일본이 한국을 병합하고 식민지로 삼았다고 결론지으면서, 정당성이 조금도 없는 식민지화와 식민지 지배를 합법적 강제를 통해 실시하였다고 강조했다.

이에 이태진은 사전 승인이라는 것은 합법적인 개념이 아니며, 사전 승인으로 이뤄진 국제조약은 찾아보기 힘들다는 점을 그 이유로 들었다. 더욱이 조약문뿐만 아니라 '전권위원 위임 칙서' 등이 모두 일본 측에서 사전에 준비한 것이기 때문에, 강요·강제성이 드러난 것이라고 반박했다. 그리고 1926년 4월 순종 황제가 붕어 직전에 남긴 '유조(遺詔)'를 그 근거로 제시했다. 이에 따르면, 순종 황제가 유조를 남긴 것은 "병합 인준의 사건을 파기하기 위한" 것이었으며, "지난날의 병합 인준은 강린(強隣)이 역신(逆臣)의 무리와 더불어 제멋대로 해서 제멋대로 선포한 것이요, 다 나의 한 바가 아니라"라고 밝힌 부분을 그 근거로 제시했다.

통감의 '한국병합조약' 서명의 부당성

1910년 8월 22일, 일본은 '한국병합조약'을 체결할 당시, "통감자작(統監子爵) 데라우치"를 위임자로 내세워 "통감지인(統監之印)"을 도장을 찍었다. 즉 데라우치라는 개인이 아니라 '통감'에게 조약 체결의 권한을 위임한 것이다. 이에 한국 측은 을사늑약의 성립 여부와 상관없이 통감부에 의해 대한제국 외부가 이미 폐지되었기 때문에, 통감은 을사늑약 제3조에 따라 대한제국 측의 외교 사무를 총괄하는 지위에 있어야 한다. 따라서 통감은 일본 측의 전권대신이 될 수 없다는 견해를 피력했다. 일본이 통감을 전권대신으로 임명하였다는 것은 일본 역시 을사늑약이 성립하지 않았다는 것을 스스로 인정하는 셈이다. 만약 을사늑약이 성립하여 효력을 발생하고 있었다고 한다면, 일본은 을사늑약의 규정을 어긴 것이 된다.

이에 운노는 서명자의 조인 자격에 있어, 통감은 한국 정부에서 일본 정부를 대표하는 외교관이며 보통 외교 사무는 '지방적 사무'를 통괄하는 데 한정되었기 때문에, 통감을 '한국의 외교권 행사의 대표'로 상정한 것은 잘못이라는 주장을 펼쳤다. 더불어 그는 이토 통감과 이완용 내각 총리대신과의 상하 관계가 있었지만, 엄연히 일본과 한국을 대표하는 처지에서 조약 서명자로 조인하였다고 주장했다. 대한제국은 을사늑약으로 외교권을 빼앗겼지만 '병합' 때까지 주권국가로 존속하였고, 일본의 강제로 고종 황제의 양위가 이뤄졌지만 순종 황제는 정당성을 가진 대한제국의 국가 원수였기 때문에, 황제의 전권위임장 발급권과 전권위원인 이완용의 기명 조인권이 존재하였다는 입장에서 주장된 논리이다.

일본 법제사 전공자인 아라이 쓰토무(新井勉)는 을사늑약 제3조에 따르면 통감은 "오로지 외교에 관한 사항을 관리한다"라고 되어 있음에도 불구하고, 이토 초대 통감은 이를 무시하고 시정개선을 충고한다는 명분으로 내정간섭을 자행하였고, 이러한 상황에서 '합병'이 이뤄진 것은 조약 내용상 하자에 해당한다고 주장했다.

1910년의 '한국병합조약'은 그 전제가 되는 1905년 조약이 무효이며, 비록 '유효론'의 입장이라 할지라도 한국 정부의 외교권을 가진 통감과 이를 갖지 않은 한국 정부의 총리대신 사이에서 조약 서명이라는 관계는 성립될 수 없다고 지적하며 1910년 조약은 성립하지 않았다고 주장한다. 반면에 일본 측은 1910년 '한국병합조약'의 체결이라는 행위는 외교에 관한 사항이기 때문에, 을사늑약에 의해 만들어진 통감의 권한에 속하며, 통감이 대한제국 정부에 대해 병합조약의 서명을 지시할 수 있는 상태였다고 주장했다.

참고문헌

1. 자료

『만국평화회의보』,『대한매일신보』,『황성신문』.
매켄지 지음, 이광린 옮김,『한국의 독립운동』, 일조각, 1997.
La Tribuna ILLustrata, *L'Illustration*, *Tribune*, *The Independent*.

2. 단행본

이태진,『일본의 대한제국 강점』, 까치, 1995.
_____,『한국병합, 성립하지 않았다』, 태학사, 1995.
이태진 외,『한국병합의 불법성 연구』, 서울대학교출판부, 2003.
海野福壽,『日韓協約と韓国併合』, 明石書店, 1995.
_____,『韓国併合史の研究』, 岩波書店, 2000.
_____,『外交史料 韓国併合』, 不二出版, 2003.

3. 논문

이태진,「일본의 한국병합 불법성 대토론-국제학술회의"'한국병합'에 관한 역사적 · 국제
    법적 재검토" 보고-」,『역사학보』178, 2003.
_____,「1905년 '보호조약'에 대한 고종황제의 협상지시설 비판」,『역사학보』185, 2005.
康成銀,「乙巳5條約 研究」, 朝鮮大学校, 2002.
原田環,「第二次日韓協約調印と大韓帝國皇帝高宗」,『청구학술논집』24, 한국문화연구진
    흥재단, 2004.

4. 웹사이트

국립중앙도서관 신문아카이브(https://nl.go.kr/newspaper/).

서울대학교 규장각한국학연구원(https://kyu.snu.ac.kr/).

위키백과(https://ko.wikipedia.org/wiki/).

한국학중앙연구원 한국민족문화대백과사전(http://encykorea.aks.ac.kr/).

찾아보기

ㄱ

가쓰라 태프트 밀약 22, 23
감옥관제 108
갑신정변 10, 48, 120
고광순 50, 55, 97
고마쓰 미도리(小松綠) 113
고무라 주타로(小村壽太郎) 12, 16, 19, 58, 110
고승천 97
고영희 12, 80, 116
고종 황제 5, 8, 11, 12, 13, 14, 15, 16, 17, 19, 25, 26, 27, 29, 35, 36, 37, 39, 40, 41, 42, 44, 45, 46, 48, 51, 53, 54, 60, 68, 69, 70, 71, 72, 73, 74, 76, 79, 80, 81, 82, 85, 86, 88, 90, 95, 124
고치베 다다쓰네(巨智部忠勝) 20
고쿠부 쇼타로(國分象太郎) 113
광업법 64
국민교육회 84
국채보상운동 79
군대해산조칙 91, 92
궁금령 73
권준 101
권중현 29, 30, 51, 52
권중희 100

금족령 91
기독청년회 84
기산도 50, 51
기삼연 50, 97
기유각서 108
김광제 79
김구 73
김덕제 95
김도현 55, 119
김동수 95
김동신 97
김봉학 48, 49
김석진 119
김수민 97, 101
김율 97
김준 97
김지수 119
김진묵 102

ㄴ

남정철 85
남한대토벌작전 108
노병대 96
농공은행 64
농공은행조례 64
니시자카 유타카(西坂豊) 48, 49

니시첸스키(Nisichensky) 10
니콜라이 2세 12, 68, 69, 76

• ㄷ •

대국민합방성명서 109
대한구락부 84
대한방침 11, 17, 18
대한시설강령 18
대한시설대강 106, 107
대한자강회 79, 84, 96, 104
대한처리요강안 81, 82
대한천일은행 21
더글러스 스토리(Douglas Story) 46
데라우치 마사타케(寺內正毅) 105, 111,
　112, 113, 114, 115, 116, 117,
　119, 121, 123
동양척식주식회사 65, 66
동양평화론 51
동우회 82, 83, 84, 87, 104
동청철도 부설권 11
동학농민운동 10, 55, 120

• ㄹ •

람스도르프 70
러일전쟁 5, 8, 11, 12, 13, 17, 18, 19,
　22, 23, 25, 26, 44, 51, 58, 62, 68,
　69, 70, 98, 106
루스벨트 22, 23, 25

류도발 119
류신영 119

• ㅁ •

마루야마 시게토시(丸山重俊) 20
만국평화회의가 68, 71, 72, 76
메가다(目賀田種太郎) 19
무성서원 53
문태서 97
민긍호 95, 100, 101, 102
민병석 116
민영환 47, 48, 49
민종식 52, 55

• ㅂ •

박기섭 97
박승환 91, 93
박영효 82, 85
박용만 75
박정수 52
박제순 29, 30, 32, 37, 43, 45, 51,
　52, 111, 116
박종섭 50
방관일 96
베델(Bethel) 46, 87
베이징조약 9
병합준비위원회 112
보안법 85, 104

보호국화 5, 8, 13, 22, 25, 26, 27, 34, 58
부청멸양 11
브린너(Bryner, Y. I.) 10

• ㅅ •

사립학교령 66
사법관제 108
사이온지 긴모치(西園寺公望) 58, 81
사회진화론 25
산남의진 54, 96
삼림법 64
삼림채벌권 11
상동교회 50, 72
상동청년회 72
서북학회 79, 84
서상돈 79
서정순 73
소네 아라스케(曾彌荒助) 108, 109, 111
손영각 54
송병선 48, 49
송병순 119
송병준 80, 81, 113
송상봉 97
송완명 119
송주면 119
순종 황제 42, 84, 85, 86, 87, 91, 109, 116, 117, 121, 122, 123, 124
스티븐슨(D. Stevens) 19

시데하라 다이라(幣原坦) 20
시베리아 횡단 철도 9
「시일야방성대곡(是日也放聲大哭)」 42
신돌석 54, 55, 96, 101
신문지법 85, 87, 104
심남일 97

• ㅇ •

아관파천 10, 62
안규홍 97
안병찬 52
안숙 119
안창호 72, 73
야마가타 아리토모(山縣有朋) 9, 10, 105
야마가타 이사부로(山縣伊三郎) 117
연기우 95, 97, 102
오적암살단 50, 79
왕회종 102
외교관 및 영사관 관제 폐지에 관한 건 20
원용석 52
원주진위대 52, 92, 95
원태우 50
위안스카이(袁世凱) 49
윌리엄 스테드 77
유명규 95
유인석 52, 96, 97
윤덕영 116
윤이병 82

을미의병 49, 52, 55
을사늑약 5, 7, 25, 27, 28, 31, 32, 33, 34, 35, 36, 37, 38, 39, 40, 41, 42, 44, 46, 47, 48, 49, 50, 51, 53, 55, 57, 69, 70, 71, 72, 73, 87, 88, 101, 120, 123, 124, 125
을사오적 33, 36, 47, 48, 50, 51, 71, 79
을사의병 51, 52, 54, 55, 56
이갑 73
이강년 96, 100, 101, 102
이건석 48
이구재 96
이근택 29, 30, 51, 52, 85
이노우에 히카루(井上光) 14
이도재 73, 85, 88
이동명 71, 75
이동휘 73
이만도 119
이명재 48, 49
이범진 70, 72, 76
이상설 70, 71, 72, 73, 74, 75, 78
이상철 48, 49
이석용 97
이설 48
이승만 25, 75
이승훈 73
이완용 26, 29, 30, 32, 41, 50, 52, 79, 80, 81, 82, 84, 88, 89, 109, 113, 114, 115, 116, 117, 119, 121, 122, 124
이용익 12
이위종 73, 74, 76, 78
이은찬 96, 100
이인영 96, 100, 101, 102
이재윤 119
이준 16, 71, 73, 74, 75, 77, 78, 79
이지용 14, 29, 30, 51, 52, 85
이진룡 97
이토 히로부미(伊藤博文) 15, 17, 26, 27, 29, 33, 35, 36, 37, 39, 40, 42, 44, 49, 50, 58, 60, 61, 79, 80, 81, 82, 83, 85, 87, 88, 89, 90, 91, 105, 108, 109, 124
이한구 54
이회영 72
일본흥업은행 63
일진회 26, 52, 69, 80, 84, 95, 109, 110, 113, 116

• ㅈ •

전덕기 50, 72, 74
전해산 97
정동식 119
정미의병 94

정미조약 5, 67, 68, 87, 88, 90, 95, 104
정본준 100
정순기 54
정순만 50, 71, 75
정용기 54
정운경 52
정재건 119
정환식 54
정환직 54, 55, 96
제1차 영일동맹 8, 11, 23, 24
제2차 영일동맹 17, 23, 24
조민희 25
조병세 47, 48
조인환 101
조장하 119
조중응 80, 113, 114, 116
조철호 94
중기의병 52, 96
중명전 29, 33, 73
지방비법 66
지청천 94
지흥윤 95

・ㅊ・

차도선 97
청일전쟁 8, 10, 11, 12, 14, 16, 22, 36, 108, 120
최익현 53, 55

최재형 97

・ㅌ・

탈아론 9
태양욱 97
태인의병 53
톈진조약 10
통감부 5, 32, 34, 46, 57, 58, 59, 60, 61, 62, 63, 65, 73, 75, 90, 95, 101, 104, 113, 123

・ㅍ・

파블로프 12, 14, 70, 71, 72, 76
판종리(潘宗禮) 48, 49
포츠머스 강화조약 24, 70
포츠머스 강화회의 69

・ㅎ・

하세가와 요시미치(長谷川好道) 26, 58, 60
하야시 곤스케(林權助) 14, 19, 24, 26, 29, 37, 40, 50
한국병합에 관한 건 105, 107
한국병합조약 37, 121, 122, 123, 124
한국보호권 확립의 건 17
한국시정개선에 관한 협의회 61
한국주차군사령부 19, 62, 114
한성은행 21

한일외국인고문용빙에 관한 협정서 19
한일의정서 14, 15, 18, 19, 69
한일협약 37, 38, 88, 89, 90, 106
허위 96, 100, 101, 119
헐버트(H. Hulbert) 25
현상건 12
홍만식 48
홍범도 97, 101
홍범식 119
홍순목 48
홍영식 48
홍주의병 52, 53
화폐조례 20
황준성 97
황현 53, 119, 120
흑룡회 109

13도창의군 101, 102
13도창의대진소 96, 101

일제침탈사 바로알기 16
한말 '한일조약' 체결의 불법성과 원천무효

초판 1쇄 인쇄 2021년 11월 13일
초판 1쇄 발행 2021년 11월 30일

지은이   이계형
펴낸이   이영호
펴낸곳   동북아역사재단

등 록   제312-2004-050호(2004년 10월 18일)
주 소   서울시 서대문구 통일로 81 NH농협생명빌딩
전 화   02-2012-6065
팩 스   02-2012-6189
홈페이지 www.nahf.or.kr
제작·인쇄 (주)동국문화

ISBN   978-89-6187-668-1 (04910)
        978-89-6187-482-3 (세트)

• 이 책은 저작권법으로 보호를 받는 저작물이므로 어떤 형태나 어떤 방법으로도 무단전재와 무단복제를 금합니다.
• 책값은 뒤표지에 있습니다. 잘못된 책은 바꾸어 드립니다.